大股东控制下的公司集团
内部资本配置行为研究

龚志文 著

中国财经出版传媒集团
中国财政经济出版社

图书在版编目（CIP）数据

大股东控制下的公司集团内部资本配置行为研究／龚志文著．——北京：中国财政经济出版社，2023.7
 ISBN 978－7－5223－2248－3

Ⅰ.①大… Ⅱ.①龚… Ⅲ.①股份公司－资本管理－研究－中国 Ⅳ.①F279.24

中国国家版本馆 CIP 数据核字（2023）第 096452 号

责任编辑：彭　波　　　责任印制：史大鹏
封面设计：卜建辰　　　责任校对：徐艳丽

中国财政经济出版社 出版

URL：http：//www.cfeph.cn
E－mail：cfeph@ cfeph.cn
（版权所有　翻印必究）
社址：北京市海淀区阜成路甲 28 号　邮政编码：100142
营销中心电话：010－88191522
天猫网店：中国财政经济出版社旗舰店
网址：https://zgczjjcbs.tmall.com
北京财经印刷厂印刷　各地新华书店经销
成品尺寸：170mm×240mm　16 开　11.5 印张　169 000 字
2023 年 7 月第 1 版　2023 年 7 月北京第 1 次印刷
定价：68.00 元
ISBN 978－7－5223－2248－3
（图书出现印装问题，本社负责调换，电话：010－88190548）
本社质量投诉电话：010－88190744
打击盗版举报热线：010－88191661　QQ：2242791300

前　　言

近几十年来，随着企业多元化战略的兴起和并购重组的日益频繁，企业造"系"运动波澜壮阔，我国涌现出大量的企业集团和"事实性"的公司集团（如系族企业）。内部资本市场（Internal Capital Markets，ICM）被公司集团广泛应用。在大股东的超强控制之下，成员企业之间进行大量的资本配置活动。

然而，国内相关研究大部分仍然沿用"传统"的委托代理思路，尚未充分关注大股东及其代理人的自利动机和行为特征对公司集团资本配置决策的影响。为此，本书从治理机制与财务决策主体行为特征相结合的崭新研究视角，探索公司集团内部资本配置行为机理和特征。具体而言，首先，从内部资本市场、内部资本市场治理和大股东控制三个方面勾勒出本书的理论基础，同时从我国公司集团内部资本市场形成的制度背景和内部资本配置的现状特征两个方面构筑本书的现实基础。其次，以大、小股东之间以及大股东与管理者之间的利益冲突对内部资本配置行为的影响为主线，运用 Kuhn-Tucker 方法和演化博弈理论分别构建内部资本配置行为理论模型，重点对大股东控制及管理者自利行为对公司集团内部资本配置决策的影响问题展开深入、系统的探究，全面认识大股东在公司治理中的作用。在此基础上，从公司集团内部资本市场资本配置行为的存在性、有效性及其价值创造的影响因素三个递进层次，展开大股东控制下内部资本配置行为的实证研究。最后，对大股东机会主义资本配置行为产生的根源进行总结，并运用完全信息静态博弈和演化博弈理论构建理论模型，对大股东机会主义资本配置行为监管的机理进行挖掘。并从大股东监控、经理人选择和激励、中小股东的法律保护、资本市场监管和内部控制及其披露机制五个层面提出优化我国公司集团内部资本配置行为的对策。

本书基本结论如下：

（1）我国公司集团内部资本配置呈现出"动机复杂、多功能和多目标"的特征，公司集团内部资本市场存在被异化的风险。

（2）我国公司集团内部资本配置结果表现出多样性和复杂性的特征，呈现出无效、有效和最优的不同状态，并且对不同成员企业的福利有不同的影响。本书在"大股东—中小股东"代理框架下，运用 Kuhn－Tucker 方法建立内部资本交易优化模型，研究大股东与中小股东的代理冲突对内部资本转移行为的影响，研究表明，①理想型内部资本市场实现了资本配置的最优化和社会福利的最大化，形成参与各方"共赢"的局面，也实现了公司集团财务目标；附加冲突成本的效率型内部资本市场在一定条件下存在和有效，可以持续维持，基本实现公司集团财务目标；侵害型内部资本市场内部资本配置扭曲，并且不可持续，实现的财务目标只能是在损害利益相关者的前提下，追求控股股东财富最大化。②内部资本最优转移量与母公司在子公司中的股权比例、产出效率、母公司的控制力、利益冲突成本、侵占成本和侵占比例有关，而这些因素与公司治理内外环境、大股东的股权结构和控制权结构密切相关。

（3）本书在"大股东—经理人"利益冲突与合谋"寻租"的框架下，从集团管理控制的视角，运用演化博弈构建理论模型，分析终极控制人和管理者自利动机对内部资本配置行为的影响。研究发现，终极控制人通过"金字塔"结构超额控制上市公司，在不同的管理环境下终极控制人有不同的最优管理体制。产出效率、激励机制、集权程度、管理成本和 CEO 的非现金偏好度等初始状态及各参数变化影响内部资本配置行为以及其长期均衡趋势。

（4）实证研究表明，我国公司集团存在活跃的内部资本市场，但其配置效率整体不高，内部资本市场资本配置的价值创造主要受大股东股权结构和控制特征的影响。①现金流敏感系数法测度结果表明，样本公司中只有大约一半的系族集团内部资本市场有效率，其中民营系族集团的配置效率要远低于国有系族集团；②内部资本市场的EV(超额价值)普遍偏低，53.4%的系族集团的EV为负值；③超额价值与第一大股东持股比例、控制权和现金流权分离差异程度、高层管理者持股比例、外部独立董事比例正相关，与系族集团规模呈负相关。

（5）不健全的上市公司内外治理机制、金融抑制环境、较弱的投资者法律保护制度以及地方政府公共治理职能共同构成了我国公司集团内部资本市场机会主义行为特征的根源。对大股东机会主义内部资本配置行为不能片面地重罚，必须结合考虑检查频率，采取合理的诉讼赔偿罚金和控制权收益。同时，降低监督成本，提高监管者监管水平，增强其学习能力是有效遏制大股东机会主义内部资本配置行为的重要举措。

江苏财经职业技术学院教授　龚志文
2023年1月

目录

第1章　绪论 ·· 1
　1.1　研究背景与意义 ·· 1
　1.2　相关概念界定 ·· 4
　1.3　研究主要内容 ·· 6
　1.4　研究思路与方法 ·· 8
　1.5　研究贡献和可能的创新之处 ······························ 10

第2章　文献综述 ·· 13
　2.1　内部资本市场理论 ······································ 13
　2.2　公司治理与内部资本市场 ································ 22
　2.3　大股东控制 ·· 25
　2.4　文献述评 ·· 32

第3章　公司集团内部资本市场形成的制度背景及现状 ············ 36
　3.1　大股东控制下的公司集团内部资本市场形成的制度背景 ······ 36
　3.2　我国公司集团内部资本市场资本配置的现状 ················ 46

第4章　大、小股东代理冲突下的内部资本配置行为机理 ·········· 63
　4.1　文献回顾 ·· 64
　4.2　大股东控制下的内部资本配置行为动机及类型 ·············· 66
　4.3　大股东控制下内部资本配置的主要行为方式 ················ 70

1

4.4 理论模型的构建及分析 ……………………………………… 72

第5章 大股东控制下管理者自利行为与内部资本配置研究 ……… 87
　　5.1 管理者的自利行为 …………………………………………… 88
　　5.2 大股东的过度监督 …………………………………………… 89
　　5.3 大股东与管理者的合谋"寻租" ……………………………… 90
　　5.4 大股东控制下的内部资本配置演化博弈模型 ……………… 92

第6章 大股东控制下内部资本配置行为有效性实证检验 ………… 106
　　6.1 样本说明与数据来源 ………………………………………… 106
　　6.2 公司集团内部资本市场的存在性 …………………………… 107
　　6.3 公司集团内部资本配置的效率 ……………………………… 110
　　6.4 大股东控制下公司集团内部资本配置经济后果的
　　　　影响因素 ……………………………………………………… 121

第7章 大股东机会主义内部资本配置行为的监管 ………………… 131
　　7.1 大股东机会主义行为产生的根源 …………………………… 131
　　7.2 内部资本配置中大股东机会主义行为监管的博弈分析 …… 137

第8章 结论、建议与研究展望 ………………………………………… 149
　　8.1 主要结论 ……………………………………………………… 149
　　8.2 研究启示与政策建议 ………………………………………… 153
　　8.3 研究的局限性及展望 ………………………………………… 157

参考文献 …………………………………………………………………… 159

第1章 绪论

1.1 研究背景与意义

近几十年来，我国很多企业走上了多元化和集团化的发展道路。由于历史原因，我国上市公司绝大多数由国有企业改制而成，上市公司和控股母公司之间有着天然的不可分割的联系，被置于公司集团之中，其资源配置和财务决策通常处于大股东的超强控制之下，在母子公司之间、集团内部成员企业之间形成大量的资本配置和交易。而一些民营企业采取股权收购的手段收购上市公司，形成了"事实性"的企业集团或者系族企业集团。因此，股权集中和大股东控制成为中国上市公司的普遍现象。那么，中国公司集团内部资本运作状况如何呢？内部资本配置行为有何特征？内部资本配置是否有效？对成员企业和集团整体价值的影响又如何？

理论研究表明，一方面，相对于外部资本市场，内部资本市场具有信息和激励优势，有利于缓解融资约束，从而提高资源配置效率，提升企业价值；另一方面，由于内部资本市场缺乏有效的外部监督机制和完善的市场机制以及内部信息不对称和双重多层次的委托代理问题，在内部资本配置活动中，存在过度投资与投资不足并存、交叉补贴与平均主义、经理人寻租和控股股东掏空等现象。

内部资本市场资本配置的实践显示，中国公司集团内部资本市场的形成、发展及其运作方式具有转型经济国家和新兴市场独有的一些特征。大股东常常把其旗下的上市公司作为融资平台，依靠上市公司的融资优势获取资金，然后通过各种形式的内部资本运作，来满足集团内其他成员企业资金的需要。同时，大股东凭借其股权结构和控制权结构分布上的优势地位，通过资金占用、关联交易和贷款担保等"隧道挖掘"手段谋取控制权私利，进而扭曲企业内部资本的配置行为，内部资本市场常常成为大股东"掏空"上市公司的工具，从而降低了公司集团内部资本的配置效率。非效率投资和资金瓶颈约束的现象，也充分证实了我国公司集团内部资本配置功能异化和资本配置无效的一面。因此，如何提高内部资本市场的效率逐渐成为经济学界与财务学界理论和实证研究的热点问题之一。

基于内部资本市场有效性的公司治理，就是要解决与内部资本市场有关的各利益相主体之间的利益冲突，建立一个既关注现金流权和控制权，又完善集团组织结构的多层治理机制，以实现集团内部各层级、各相关利益主体之间合理的责权利分配，满足其对内部资本市场价值创造和分配的利益要求，最终达到利益的共识并建立共同的治理结构，实现内部资本市场的治理优化，从而提高集团内部资本配置效率。

然而，公司治理问题在我国很突出。虽然我国上市公司初步建立了公司治理的框架体系和治理机制，但由于历史的原因，我国公司治理实践还存在诸多不完善的地方。特别是集团层面和非上市公司的公司治理问题更加突出，集团治理的模式和机制还处在初级和试验阶段。

针对现实中大股东对上市公司的侵占行为，我国证监会为了保护中小投资者的利益，基于企业集团内部关联交易的隐蔽性导致监管难度很大的现实，对上市公司和母公司，以及成员企业之间的资本关联交易，采取"一刀切"的简单办法加以禁止。致使上市公司和关联企业之间许多有效的合法的内部资本配置活动也被一并禁止，在很大程度上影响了内部资本市场功能的有效发挥。事实上，许多集团战略意义上的内部资本配置，从长远来看是有利于增加公司价值的。因此，如何从理论和实践上建立公司治理体系，健全公司治理的长效机制，提高企业的信息披露程度，降低代理成本，加强对大股东和经理人的监督，规范内部资本配置行为，是一个十分重要和紧迫的问题。

在此背景下，本书以内部资本市场有效性研究为切入点和归宿，以公司集团为研究视角，从剖析内部资本配置具体过程入手，构建内部资本市场资本配置行为优化模型和演化博弈模型，分析公司集团内部资本市场资本配置行为的内涵、表现形式、动机、特征和机理,以及其影响因素,试图全面系统地分析我国大股东控制下的公司集团内部资本配置行为,深入探讨公司集团的内部资本配置决策及其效率问题,从而不仅为大股东控制下的我国公司集团内部资本配置行为特征、非效率成因和内部资本配置决策模式提供新的理论依据,而且为改善公司集团内部资本配置治理机制,提供更为系统、更加适合转型时期公司特征的内部资本配置理论和实践指导。因此本书的研究意义至少表现为:

(1) 拓展内部资本市场的研究视野,从理论上丰富微观资本配置机制的研究范畴。

本书分别从大股东与中小股东、大股东和CEO的代理冲突两个角度构建内部资本交易的行为理论模型,深入分析内部资本转移和交易产生的动机、表现形式和影响因素,以及对相关利益方福利的影响,对公司集团的内部交易的机理及其本质作了理论创新,拓展了内部资本市场的相关理论研究。同时,本书针对大股东机会主义行为,运用博弈理论,建立了机会主义内部资本配置行为监管的理论模型,探讨大股东的机会主义行为动机、影响因素,以及监管的机理。

(2) 从更广阔的层面上(即内部资本市场的层面)来研究公司治理问题,完善我国公司集团的治理机制,扩展公司治理理论。

本书把公司治理和内部资本市场结合起来,从内部资本交易角度,来研究利益相关者的利益协同、利益冲突起源、冲突行为和表现形式以及相关的治理机制,对公司治理模式的研究跨越单个企业的治理边界,探索从"单一法人企业治理"到"公司集团多法人治理"研究的突破,从整个公司集团内部资本市场角度来审视成员企业之间的利益冲突以及治理问题,对于优化公司集团内部治理,提升公司集团内部共有资源有效配置能力和集团整体绩效,具有十分重要的意义。

(3) 丰富股权集中及大股东控制对公司集团内部资本配置行为影响的理论研究,为全面认识大股东治理的作用,完善大股东机会主义资本配置行为的监管提供一定的理论指导。

所有权结构在公司治理中的作用与效率,一直是公司财务领域的热点研究课题之一。在集中型所有权结构下，大股东（控制性股东）与中小投资者之间的利益冲突成为公司治理中典型和突出的代理问题。居于公司决策主导地位的大股东及其代理人 CEO、中小股东之间的博弈与公司集团的内部资本决策行为，呈现出密不可分的联系。本书以大股东对控制权私有收益的追求为研究的逻辑起点，对大股东控制与公司集团内部资本决策行为关系的研究，对于解释我国上市公司资本配置行为中存在的一系列与经典财务理论的相悖问题，均具有一定的理论价值。同时，有助于深入理解和全面认识我国公司集团大股东控制行为和治理行为，有助于改善我国上市公司治理环境，健全中小投资者的法律保障体系，为完善我国上市公司大股东机会主义资本配置行为的监管，提供一定的理论指导和政策建议。

（4）有助于深入理解公司集团的内部资本交易现象，促进企业合理构建内部资本市场，提升其有效投融资决策的能力，为我国企业集团化战略实践提供指导。

本书将充分借鉴公司治理理论中有关公司资本配置决策相关的最新研究成果，立足于我国公司集团特有的股权结构和控制权结构的现实状况，考察公司集团内部资本配置扭曲化的治理结构成因和控制权私利动因，从而深入地探讨我国公司集团内部资本配置决策的行为模式，这些研究有助于人们更深入地了解公司集团的内部交易现象及其本质，有利于指导决策者提升其内部资本市场资本配置能力，有利于优化其资源配置行为，有利于有效实施多元化或一体化战略。

1.2 相关概念界定

（1）大股东（Large Shareholder）。大股东是指直接或者间接持有公司一定股份，拥有公司相对或绝对多数的表决权，从而实质掌握了公司控制权的股东。因此，终极股东、直接控股股东和第一大股东均有可能是本书所定义的大股东，而没有达到相对或绝对多数表决权、没有实际掌控公司的股东，即使其持股比例高也不是本书界定的大股东。

（2）企业集团与公司集团。按照国家工商管理局1998年59号文件《企业集团登记管理暂行规定》规定：企业集团是指以资本为主要纽带，以母子公司为主体，以集团章程为共同行为规范的母公司、子公司、参股公司及其他成员企业或机构共同组成的具有一定规模的企业法人联合体。如果说企业集团的定义主要来自法律规定的要义，那么公司集团是一个相对宽泛的概念，它按实质重于形式的原则，强调其"事实性"。很多公司组成的集团，并不具备企业集团的法定要件，但是它们事实上受一个实际控制人控制，成员企业之间要么以股权为纽带，要么业务密切相关，它们之间存在大量的资本配置活动，本书把这类公司组成的企业群称为公司集团。因此，本书所指的公司集团包括以集团命名的企业集团和"事实性"的企业集团。但本书通常将企业集团和公司集团不加区分使用，并且本书更加关注"事实性"的企业集团的研究。

（3）内部人。掌握公司实际控制权的法人或者自然人，包括经理人、大股东向上市公司派遣的代理人和高管人员，以及直接参与管理的大股东等。

（4）大股东内部资本市场。在大股东及其控制的成员企业（包括上市公司）之间形成的以大股东为权力中心的内部资本市场，本书称其为"大股东的内部资本市场"（郑国坚，2008）[1]。它是指为了实现整个集团的特定财务战略目标，在集团总部（大股东）主导下的成员企业之间的各种资本交易行为，是一种资本配置关系的总和。其重要特征是集团内部的资源转移将会涉及成员企业法人财产权的维护问题，也就是说本书研究的大股东内部资本市场不包括多部门企业中的内部资本市场，主要针对公司集团，重点包括"H"型企业集团和"M"型企业集团。

（5）内部资本配置行为。资本配置是指将资本在不同来源和不同用途之间进行组合和分配。在本书中，内部资本配置行为特指大股东控制下的公司集团成员企业之间的资本分配、转移、交易以及资本的再配置行为，如成员企业之间的借贷行为、担保行为、内部交易行为和企业兼并与重组中的再配置行为等。

1.3　研究主要内容

基于转型时期和新兴市场的特定背景，本书以内部资本市场有效性研究为切入点和归宿，重点研究大股东控制下的公司集团内部资本配置动机、行为特征和效率。以大、小股东之间以及大股东与CEO之间的利益冲突与协调对内部资本配置行为影响为主线，构建内部资本配置行为理论模型，深入探讨大股东控制下的公司集团内部资本配置行为及其效率问题，以期深入了解我国上市公司非效率资本配置行为的产生原因，为提高我国公司集团内部资本市场的治理效率，完善我国上市公司大股东机会主义行为的监管体系提供政策建议。

全书共分为八章，主要研究内容如下。

（1）绪论。

本章首先提出了选题的背景，以及理论和现实意义；其次，在对主要概念进行界定的基础上，总括本书的研究内容、研究思路和研究方法；最后提出了本书的主要贡献和可能的创新点。

（2）文献述评。

作为本书的理论基础，本章首先梳理国内外内部资本市场资本配置行为的相关理论；其次，对公司治理中有关代理冲突的研究成果进行较为全面的论述，并结合内部资本市场理论探讨内部资本配置中的公司治理问题；最后，概述了中国新兴市场背景下的大股东控制理论。总之，本章从内部资本市场资本配置、公司治理和大股东控制三个方面构建本书有关公司集团内部资本配置行为研究的基础理论框架，从而为结合我国公司集团股权和控制权结构现状，研究大股东控制下的代理冲突对公司集团内部资本配置行为的影响提供理论支撑。

（3）公司集团内部资本市场形成的制度背景及其现状特征。

本章首先从我国企业集团形成和我国证券市场制度特征两个方面，对我国转轨经济和新兴市场条件下普遍存在的公司集团内部资本市场形成的制度背景和成因进行具体分析。公司集团是我国内部资本市场形成的组织基础，而我国证券市场形成与发展的相关制度安排下产生的控制特征（包括国有股一股独大和政府控制、集团公司控制、董事会为大股东所操纵以及内部人控制现象严重）是公司集团内部资本市场形成的控制权基础。然后，本章对我国公司集团内部资本市场资本配置行为现状进行描述性的统计与分析，初步解构和概述我国大股东控制下的公司集团内部资本配置行为特征，从而为进一步研究我国大股东控制下的公司集团内部资本配置行为机理和特征的剖析和提炼提供较为坚实的现实基础。

（4）大、小股东代理冲突下的内部资本配置行为研究。

本章首先对大股东控制下的公司集团内部资本配置行为动机、类型和资本配置方式进行深入的理论归纳和分析；其次，在"股东—中小股东"代理冲突的框架下，构建了大股东控制下的内部资本交易的库恩—塔克优化模型，研究母子公司型企业集团成员企业之间的内部资本转移行为，以此对内部资本市场的存在性、有效性及其行为演化的机理进行了理论演绎，并提炼内部资本配置行为的特征和影响因素。研究表明，由于成员企业之间的利益冲突和机会主义行为的影响，以提高效率为目标的内部资本市场资本配置功能可能被"异化"，内部资本配置的结果表现出多样性和复杂性的特征；股权比例、产出效率、母公司的控制力、利益冲突成本、侵占成本和侵占、公司治理内、内外环境以及大股东的股权结构和控制权结构与内部资本配置行为密切相关。

（5）大股东控制下管理者自利行为与内部资本配置研究。

首先从理论上研究了大股东与代理人之间的利益冲突与合谋"寻租"对公司集团内部资本配置行为的影响；其次，针对当前相关研究主要集中在单个企业的内部资本市场，很少站在整个集团层面分析公司集团内部资本市场的资本配置行为的事实，在大股东与管理者代理框架下，从终极控制人管理体制的角度，利用演化博弈理论构建理论模型，研究公司集团大股东和管理者自利动机下的内部资本配置行为特征和影响因素。研究发现，①企业的产出效率、激励机制（包括现金激励和非现金激励）、集权程度、管理成本、CEO的非现金偏好度等因素影响终极控制人和CEO的集团内部资本配置行为和效率；②在不同的管理环境下，终极控制人有不同的最优管理体制，如何防止终极股东的过度监督与经理层积极性的有效发挥是一个重要的课题。

本章与第 4 章以及第 7 章共同构成本书的公司集团内部资本配置行为和监管理论框架，为第 6 章的实证研究和第 8 章的对策研究奠定较为坚实的理论基础。

（6）大股东控制下内部资本配置行为有效性的实证研究。

本章结合前述章节的结论，对大股东控制下内部资本配置行为有效性展开实证研究。首先，检验我国公司集团内部是否存在活跃的内部资本市场；其次，用现金流敏感法对公司集团内部资本市场资本配置效率进行测度；最后，对公司集团内部资本市场的超额价值（EV）进行计量，并对公司集团内部资本配置价值创造的影响因素作实证检验，以期为优化我国公司集团内部资本配置行为，促进内部资本市场健康发展提供有益的经验证据。

（7）大股东机会主义内部资本配置行为监管的研究。

本章针对上述部分的研究结论，总结和挖掘内部资本配置活动中大股东机会主义内部资本配置行为产生的根源；然后，运用完全信息静态博弈和演化博弈理论，构建大股东与监管者成本收益函数，从三个递进的层次研究双方的博弈关系，探讨大股东的机会主义行为动机、影响因素以及监管的机理。

（8）政策建议。

为了规范公司集团内部资本配置行为，本书从大股东监控体系、经理人的产生与激励、中小投资者保护、资本市场监管、内部资本配置活动的内部控制及其披露机制五个方面提出对策建议。

1.4　研究思路与方法

与研究内容相对应，本书的研究框架可分为绪论、理论基础、制度背景分析、理论与实证研究及政策建议五个部分，其基本书框架如图1.1所示。由研究框架的图示可见本书的研究思路：本书首先从内部资本市场、内部资本市场治理和大股东控制三个方面勾勒出本书有关公司集团内部资本配置的理论基础。其次，从我国公司集团内部资本市场形成的制度背景和内部资本配置的现状特征两个方面构筑本书研究的现实基础。再次，在理论和现实基础上，分别从大、小股东代理冲突下的内部资本转移和大股东与管理者利益冲突下的内部资本分配两个视角构建理论模型，展开大股东控制下的我国公司集团内部资本配置行为的理论研究。根据理论模型的结论，本书从公司集团内部资本市场存在性、有效性和内部资本市场超额价值的影响因素三个递进的层次展开大股东控制下内部资本配置行为有效性的实证研究。在理论和实证研究的基础上，进一步提炼、挖掘大股东机会主义内部资本配置行为产生的根源，并构建大股东与监管者的博弈模型，探讨内部资本配置中大股东机会主义行为动机、影响因素和监管机理与策略。最后，依据上述研究结论，提出有针对性的政策建议。

本书采用的研究方法如下。

（1）规范研究与实证研究相结合，以规范研究为主。

规范研究和实证研究是公司金融领域的主流研究方法。规范研究是在既定假设下，通过抽象的数理模型刻画，经过理论的严密逻辑推理来分析经济行为，得出理论上的必然结果。由于这个必然结果建立在严格的假设上，可能与现实情况有所不同。而实证研究运用来源于公司财务运行的实际过程数据，运用计量经济学研究方法进行检验，来反映现实生活，因此，可以作为规范研究的补充。本书以规范研究为主，以实证研究为辅，力图使研究更加深入。一方面，通过规范分析，构建数理优化和博弈模型，细化和刻画各治理主体的行为特征与效用函数，来剖析大股东与中小股东、大股东与管理者利益冲突下的内部资本分配行为机理和特征，以及大股东私利动机驱动下的非效率资本配置行为的影响因素和经济后果，同时构建大股东和监管者（中小股东、机构投资者和政府监管部门）之间的博弈模型，探讨大股东机会主义行为监管的机理和路径；另一方面，基于我国上市公司财务数据，对我国公司集团的内部资本市场的存在性、效率和影响因素进行实证检验。

（2）定性研究与定量研究相结合。

对公司集团内部资本配置行为问题的探讨，既有对其行为动机和行为特征的定性研究，也有对其规模水平、效率和价值创造的定量研究。定性研究主要是从理论、概念和逻辑上对内部资本配置行为特征进行系统分析和挖掘，定量研究主要是结合我国公司集团内部资本配置的现状进行统计计量和经验检验。本书采用定性分析与定量分析相结合的方法，试图更为全面和深入地分析我国公司集团内部资本配置行为的机理、效率和监管对策。

（3）博弈理论和非线性规划相结合。

本书针对公司集团内部资本配置中存在的利益冲突，运用经典博弈论和演化博弈论构建理论模型，分析内部资本配置行为机理、特征和影响因素。基于博弈论的分析方法处理多变量因素的缺陷，本书采用优化模型（Kuhn–Tucker方法）作为补充，建立相关治理主体的效用函数，以此分析其治理行为动机对内部资本配置行为的影响。

1.5　研究贡献和可能的创新之处

（1）系统地将内部资本市场所有权层面的代理问题和管理层层面的代理问题相结合，并从终极股东视角解释公司集团内部资本市场资本配置行为。

现有学者要么关注部门经理"寻租"行为对内部资本市场资本配置行为的影响，要么注重大、小股东之间的代理冲突的影响，忽视了终极控股股东与中小股东、终极控股股东与其代理人CEO之间的代理冲突。事实上，依据终极产权理论，从终极控制人视角，研究大股东控制对内部资本市场资本配置行为的影响，才能使研究立足于我国制度背景和公司集团广泛存在的现实基础之上。在我国终极股东超强控制和代理链条超长的情况下，主要矛盾不是部门CEO的"寻租"问题[1]，也不是直接大股东和小股

---

[1] 事实上，部门经理在我国很少有力量进行博弈。

东的代理问题，而是终极股东（实际控制人）与小股东，以及终极股东与其代理人 CEO 之间代理问题。本书第 4 章和第 5 章正是基于这两种代理问题，从终极视角构建内部资本配置行为模型，研究公司集团内部资本配置行为机理和特征。

（2）直接从内部资本配置行为分析入手，系统地构建公司金融行为模型。

本书直接从内部资本配置行为分析入手，从大股东和小股东、终极股东和其代理人 CEO 两个视角下建立包括多个成员企业的公司金融行为模型，用理论模型的范式来描述和研究内部资本市场资本配置行为的特征，具有一定的新颖性。本书克服了以往单一、孤立和片面的分析方法，把资本配置行为和内部资本市场的主体大股东的控制特征、市场治理环境以及经济后果统一在一个理论框架之下，通过分析不同利益主体之间的博弈过程来揭示各行为主体的特征、利益博弈的多样性和复杂性，这样便于深度理解内部资本市场配置的机理、适用范围、功能、优化途径以及监管机理，为内部资本配置实践提供更加切实可行的指导。

（3）把集团管理控制与内部资本配置活动相结合，研究终极控制人和 CEO 的自利行为对集团内部资本配置行为的影响。

本书基于终极控制人和母公司 CEO 之间的利益冲突与合谋，站在终极大股东管理控制的视角，建立公司集团内部资本分配的演化博弈理论模型，以期获得终极控制人和母公司 CEO 自利和合谋的初始状态及各参数变化如何影响内部资本配置行为以及其长期均衡趋势的理论依据。同时，也为终极股东对管理体制的选择提供了经济学解释，从理论上解释如何防止终极股东的过度监督与经理层积极性的有效发挥这个重要课题。这种研究视角是本书的一个创新之处。

（4）创新性地提出了机会主义内部资本配置行为的监管策略。

与以往相关研究把内部资本配置中的机会主义行为单纯归结于监管力度不足不同，本书认为不健全的上市公司内外治理机制，金融抑制环境，较弱的投资者法律保护环境以及地方政府公共治理职能共同构成了我国公司集团内部资本市场机会主义行为特征的根源。本书运用完全信息静态博弈和演化博弈理论构建理论模型，构建的大股东机会主义内部资本配置行为监管的理论模型表明，从长期看，对大股东机会主义内部资本配置行为的监管，不能片面简单地采取重罚措施，应该综合考虑监管者的相对固定的监管频率，对大股东机会主义行为采取合理的诉讼赔偿罚金，对大股东参与治理给予合理的控制权收益。同时，降低监管者的监管成本，提高监管水平，增强其学习能力是有效遏制大股东的机会主义内部资本配置行为的重要举措。

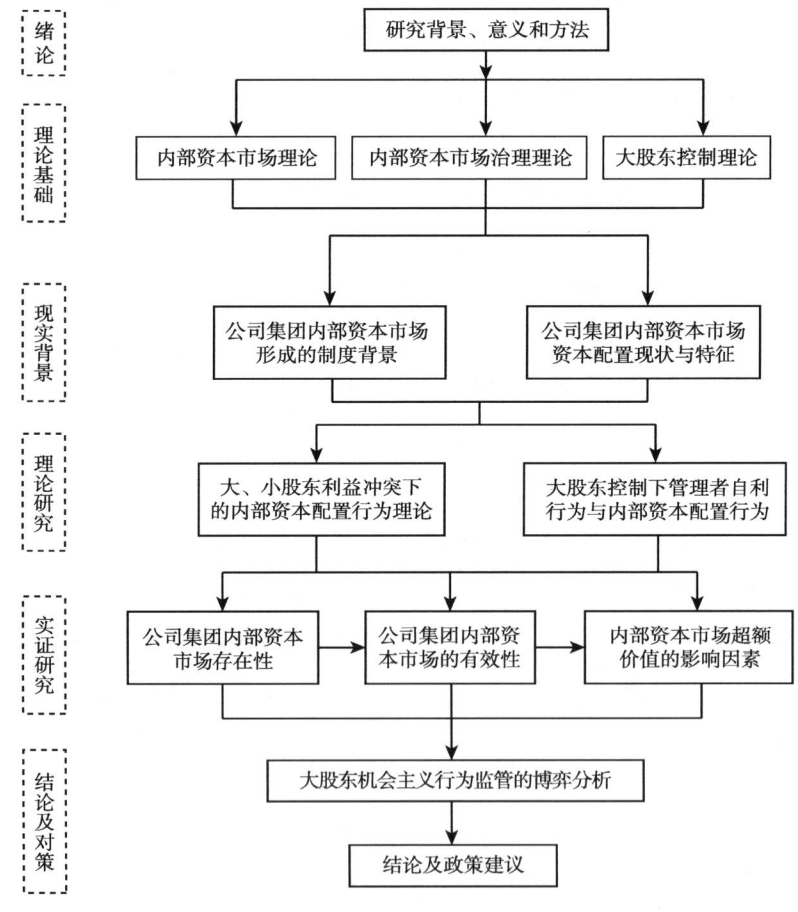

图 1.1　本书的研究框架

第 2 章 文献综述

为了构建大股东控制下内部资本配置行为的理论体系,本章首先将详细综述内部资本市场理论,并突出内部资本配置行为的研究。然后对公司治理中有关代理冲突的研究成果进行较为全面的梳理和评述,结合内部资本市场理论探讨内部资本配置中的公司治理问题。最后针对中国新兴市场中,大股东和股权相对集中的现象,梳理了大股东控制理论,分析大股东控制对内部资本配置活动的影响。这些为后续章节的分析奠定理论依据和理论支撑。

2.1 内部资本市场理论

2.1.1 内部资本市场的存在性

20 世纪 60 年代,美国掀起了大规模的公司并购(Conglmerate Merge)浪潮,随后其他发达国家也相继进行了大量的并购活动,从而形成了众多的多元化联合大企业(Conglmerate),即 "M" 型企业。内部资本市场(Internal Capital Market,ICM)正是伴随着多元化经营浪潮、集团化战略和企业组织结构的创新而出现的一个新兴研究领域。Alchian(1969)[2] 和 Williamson 等(1970,1975)[3-4] 最早提出 "内部资本市场" 的理念,他们认为企业之所以对多元化战略如此青睐,是因为 "M" 型的联合大企业中存在内部资本市场运作,这种内部资本市场运作由于其具有信息优势,在强化内部资本配置、缓解外部融资约束方面发挥着重要的作用。

Lamont(1997)[5] 通过对石油企业面临价格冲击时的金融行为分析,最早对内部资本市场的存在性进行了研究。Lamont 把 26 家石油公司拥有的 40 个非石油分部与较少依赖于石油价格的公司所拥有的部门进行对照研究，1986 年石油价格下跌 50% 时，石油公司不仅减少了石油分部的投资，而且非石油分部的投资支出相对对照组也大幅下降。而 Lamont 发现石油公司在石油价格下跌之前，非石油部门存在过度投资的现象。据此，他认为企业一个分部的投资受其他分部的现金流影响，即石油公司部门之间存在一个对资金进行重新配置的内部资本市场。

20 世纪 90 年代中后期，学术界对内部资本市场的研究拓展到新兴市场的"H"型控股企业集团中，形成了大量有价值的研究成果。Khanna 和 Palepu（1997，2000a）[6-7]运用内部资本市场理论研究了新兴市场国家为什么要形成企业集团，发现印度隶属于集团的上市公司业绩好于非隶属于集团的上市公司。Khanna 和 Palepu（2000b）[8]类似地证实了智利存在内部资本市场。Shin 和 Park（1999）[9]对韩国 669 家上市公司为研究对象，发现隶属于财团的上市公司形成的内部资本市场使集团能够在不同项目之间进行资金的相互利用，从而缓解了融资约束，同时，他们认为集团化可以降低集团与外部市场以及集团内部成员企业间的信息不对称程度。Perotti 和 Gelfer（2001）[10]通过测量投资与托宾 Q 的相关性发现，控股银行可能有更强的动机和权威去重新配置资源，可见银行主导的集团内存在内部资本市场。Samphantharak（2003）[11]以泰国 907 家上市公司 1993~1996 年的数据，通过构建结构模型对内部资本市场的存在性及运作效率进行了实证研究，提供了内部资本市场存在的证据。Lins 和 Servaes（2002）[12]对 7 个新兴市场国家、Gautier 和 Hamadi（2005）[13]对比利时以及 Gonenc（2007）[14]对土耳其的研究，均证实了企业内部资本市场的存在性。

相对而言，我国学者对内部资本市场的研究较晚，而且仅出现了少量关于内部资本市场存在性的研究。周业安和韩梅（2003）[15]以华联超市借壳上市为例研究发现，在转型和新兴市场上，企业主动构建内部资本市场，采取内部配置和外部资金相结合的方式来放松融资约束。邵军（2009）[16]认为我国系族企业内部存在频繁的内部资本配置活动。杨锦之（2010）[17]以 2006~2007 年 A 股上市公司中的系族企业作为研究对象，发现无论在国有系族企业还是民营系族企业中，都存在活跃的内部资本市场。

综上所述，关于内部资本市场存在性研究表明，内部资本市场不仅存在于成熟市场，而且存在于新兴市场；就组织结构而言，内部资本市场存在于"M"型联合企业、"H"型控股企业和多部门的独立企业；但学者们也发现，由于各种原因，内部资本市场并不完善，远没有发挥其应有的功能。

2.1.2　内部资本市场与外部资本市场的区别与关系

2.1.2.1　内、外部资本市场的区别

（1）内部资本市场具有信息与激励优势。

在内部资本市场的早期研究中，新制度经济学家发现，多元化公司内部资本市场相对于外部资本市场，具有信息和激励优势。Alchain（1969）[2]和Williamson等（1970，1975）[3-4]一致认为，由于外部资本市场存在较为严重的信息不对称，公司在外部资本市场上的资本配置活动和投融资行为必须承担较高的交易成本。Alchain（1969）[2]指出：通用电气公司的投资基金市场（Investment Funds Market）相对外部资本市场而言，内部市场主体根据更可靠的信息，以更快的速度使市场出清。通用电气公司的财富增长是由于内部投资基金市场具有资源再配置的信息优势，即公司经理和部门经理获得的信息较为对称或廉价。Alchain在这里所说的"投资基金市场"实质上就是内部资本市场。Williamson（1975）[4]也认为，公司通过并购可以解决外部资本市场上的信息不对称问题，从而节省置换成本。

关于内部资本市场的激励优势，Williamson（1975）[4]在考察了"M"型组织结构公司后认为，联合大企业具有许多"微型资本市场"的特点，公司总部具有与外部资本市场中的投资者相似的职能，总部对竞争性的分部进行相关收益评估的基础上，分配资源并监督分部。

Williamson（1985）[18]进一步指出，"M"型组织联合大企业能将分散的现金流集中起来配置在高效益、投资机会更好的分部，内部资本市场能

产出较高的现金流配置效益。

Alchain 和 Williamson 虽然只是对内部资本市场进行描述性的初步阐释，但是他们首先发现资本配置机制存在于联合大企业内部，并且较多地关注内部资本市场所具有的信息和激励优势，这对后续研究无疑具有极大的开创性和启发性。

（2）内部资本市场投资主体具有资产的剩余控制权。

内、外部资本市场最为主要的区别是：投资主体是否具有资产的剩余控制权。投资主体的是否拥有资产剩余控制权，对于在激励、监督和配置资源等方面有十分重要的影响。Gertner 等（1994）[19]把企业所有权看作是在运用公司资产上的平均剩余控制权，他们指出，在内部资本市场中，作为资金使用部门资产的直接所有者，公司内部的出资者（公司总部）享有剩余控制权，而在外部资本市场中，出资者并不是资金使用部门的资产所有者。由此，内部资本市场在资源配置方面有以下三个方面的特征：第一，内部本市场上的投资者比外部资本市场上的出资者具有更多的监督激励。既然公司总部拥有剩余控制权，就有更强的动力调控、监督和激励公司的资源合理配置和有效运营，以此获得更多的收益，即享有剩余索取权。第二，内部本市场降低了部门经理的激励。企业内部的投资者是最后利润的索取者，而部门经理没有剩余控制权。因此，部门经理作为自身利益最大化的追求者，常常偏离或者违背投资者的利益目标，通过"寻租"等活动扭曲资源配置。第三，内部本市场具有更好的资产重新配置能力。鉴于内部资本市场具有信息优势，公司总部在进行内部资本配置时，可以依据较高质量的信息，对投资项目的优、劣进行比较分析和选择。

关于剩余控制权的研究，Stein 有类似的观点。Stein（1997）[20]通过建模发现，拥有剩余控制权的公司总部可以通过获取完整的信息来实现投资项目在分部（项目）之间优化选择，即从事一种"挑选胜者"（Winner - picking）的活动。

2.1.2.2　内、外部资本市场的关系

就内、外部资本市场相互关系而言，目前学术界主要有三种观点，即

替代论、互补论和冲突论。

（1）内、外部资本市场替代论。

融资优序理论认为，在融资顺序上，企业首先使用内源资金，只有当内源资金不足时，才考虑企业外源融资，并且优先选择债务融资，然后才是股权融资。其原因是内部融资可以节省外部融资的额外成本。而内部资本市场可以为成员企业提供内部资金，从而减少成员企业对外部资本市场的依赖程度，因此，外部资本市场与内部资本市场存在功能上的替代关系。

Khanna 和 Palepu（2000a）[7]认为，当外部资本市场运行效率较低时，多元化企业的内部资本市场可以产生相对较高的绩效，多元化企业集团的存在和规模是由内、外部资本市场效率的对比决定的。内部资本市场是一种制度安排，它有效地模拟发达经济中金融市场的功能，随着外部资本市场的完善，内部资本市场运行成本超过所带来的收益时，内部资本市场的重要性将逐渐降低。Fauver，Houston 和 Naranjo（1998）[21]的研究也发现，在市场机制和投资者法律制度薄弱的新兴国家，内部资本市场可以有效替代不完善的外部资本市场。外部市场的发展与企业联合战略可相互替代（Peng et al.，2005）[22]，由联合形成的内部资本市场非常有价值（Fauver et al.，2003）[23]。武晓芬等（2023）[24]的研究表明，陆港通实施后，外部资本市场会替代企业内部资本市场，两者的作用路径主要源于融资约束的缓解和公司治理效率的提高。

（2）内、外部资本市场互补论。

外部资本市场在资本配置过程中，存在信息不对称和代理问题的缺陷，相反，相对于外部资本市场，内部资本市场具有信息和监督优势，所以内、外部资本市场之间存在一种优势互补的关系。

Stein（1997）[20]认为内部资本市场的存在可以有效缓解信息不对称和代理问题。Peyer（2002）[25]以1980~1998年美国公司为样本进行的实证研究发现，与单分部企业相比，能有效进行内部资本配置的多元化企业更倾向于外部资本，而且使用外部资本越多，其超额价值就越多。造成此种现象的原因是，内部资本市场有效的企业由于减轻了经理与投资者之间的信息不对称程度，因而可以以相对较低的成本从外部资本市场中获取资本。

由此可见，内、外部资本市场之间的发展是不相抵触的，只要内部资本市场的有效性得到外部资本市场的识别，那么企业就能从外部资本市场更多地融资，从而促进外部资本市场的发展。反过来，外部资本市场的发展也会促进企业内部资本市场的发展。总之，内、外部资本市场之间相互促进和相互补充。

邹微和钱雪松（2005）[26]在 Scharfstein 和 Stein（2000）[27]两层次委托代理模型的基础上，引入企业融资成本来分析外部资本市场对企业内部资本市场的影响。结果表明，外部融资成本不仅影响了企业外部融资的规模，而且也影响企业部门经理的"寻租"行为，进而扭曲了内部资本配置。而企业融资成本是受外部资本市场影响的，因此，他们认为外部资本市场的不规范运作扭曲了企业内部资本市场的运作。而王明虎（2009）[28]则认为，在外部资本市场的资源配置效率低下时，内部资本市场可以弥补外部资本市场配置的缺陷，并认为大部分亚洲国家存在许多大型企业集团的关键原因就在于此。

（3）内、外部资本市场冲突论。

与替代论和互补论不同，有一些学者认为内、外部资本市场是相互冲突的，他们把内部资本市场视为外部资本市场发展的障碍。

Almeida 和 Wolfenzon（2006）[29]则从金融与经济发展的宏观视角考察了内、外部资本市场间的冲突。他们重点研究了联合大企业的存在和规模（也就是集团化程度）对外部资本市场的影响。对于多分部的联合大企业来说，由于外部资本市场的有限承诺问题（即外部投资投资者保护程度与经营者对投资者承诺的现金回报负相关），即使是高收益的项目也不足以补偿其机会成本，因此，企业总部宁可在内部资本市场进行资本分配，将资本投向集团内部中等收益的项目。另外，由于联合大企业将资本保留在集团内部分配，导致外部资本市场资本供应的减少，从而损害了资本的总体均衡配置，抑制独立新企业的发展，使外部资本市场上的好项目更难筹集到所需资金。

Inderst 和 Muller（2003）[30]采用最优合约分析方法考察内、外部资本市场的关系。他们通过比较集中型融资（企业总部与外部投资者之间的集中借贷）和分散型融资（各单个项目经理与外部投资者之间的分散借贷）的利弊，来分析内部资本市场在解决融资约束中的作用。他们的研究结论是，集中型融资对应低预期回报项目，而高预期回报项目与分散型融资相对应。这说明，与单分部企业相比，联合大企业的在解决融资约束时的效率要低。

2.1.3 内部资本市场资本配置行为与效率测度

2.1.3.1 有效率配置行为

有效率资本配置是指在资金有限的情况下，能够将资金分配到产出最高的项目上的资本配置活动。内部资本市场相对于外部资本市场有信息、激励优势、"活钱效应"（Smarter-money Effect）和"挑选胜者"活动（Alchain，1969[2]；Williamson，1975[4]、1985[18]）。Gertner 等（1994）[31]和 Stein（1997）[20]明确将挑选胜者选拔功能与内部资本市场的公司总部联系起来。而且 Stein 的模型表明，即使公司总部是自私的，由于具有建造帝国偏好的公司总部有一种内在激励去做好跨部门的资本配置，"活钱效应"仍然会起作用。Lamont（1997）[5]考察美国石油业时证实了"挑选胜者"和"活钱效应"。当石油公司的现金流量由于油价下跌而减少时，公司总部会消减分部（包括非石油分部）的投资。在具有信息优势和监督激励优势的前提下，获得"活钱效应"的"挑选胜者"活动是一种有效率的资本配置活动。黎文靖、严嘉怡（2021）[32]的研究发现，相比民营企业，国有企业有利于内部资本市场发挥有效的"多钱效应"和"活钱效应"。

2.1.3.2 无效率配置行为

（1）过度投资行为。

作为代理人的经理由于与股东利益不一致或者过度自信，有滥用自由现金流进行过度投资的倾向，甚至投资于一些净现值（NPV）小于零的项目（Jensen，1986）[33]。

由于内部资本市场的存在，企业集团可能拥有较多的现金流，那么"多钱效应"（"More-money"Effect）就会加剧企业集团的过度投资行为，并使企业价值减少（Stein，2003）[34]。"多钱效应"是指内部资本市场的组建因更多分部的纳入使得总部规模扩大具有规模融资的优势，并具备财务协同效应，缓解企业面临的信用约束，从而能获得比单个企业获得更多的融资（Stein，1997）[20]。Lewellen（1971）[35]的研究也表明，企业总部的举债能力因多个分部间相互担保得到显著提高。Shin和Park（1999）[9]发现韩国的集团控制公司相对于非集团控制公司面临更小的融资约束，证明了内部资本市场的存在有助于缓解企业的融资约束。

Holmstro′m等（1986）[36]则将企业内部的过度投资归因于经理人能力的缺陷和信息不对称。他们认为完整的工资合同为经理人提供选择显示其能力的期权，所以经理人往往选择过度投资。

在面临融资约束的情况下，过度投资和投资不足在企业集团里是并存的，一些成员企业过度投资时意味着另一些成员企业投资不足。

（2）交叉补贴行为。

Lamont（1997）[5]、Scharstein（1998）[37]以及Millett和Mauer（1998）[38]的研究发现企业总部会因企业代理问题与内部信息不对称，会导致低收益分部过度投资而高收益分部投资不足的跨部门"交叉补贴"（Cross Subsidization）现象，这种现象又被称为平均主义或者社会主义（Socialism）。类似地，Shin和Stulz（1998）[39]，通过比较公司的Tobin Q值考察内部资本配置的有效性，发现企业总部把资本投入低收益项目的无效率交叉补贴行为使得拥有内部资本市场的企业集团比相同投资组合的公司的Tobin Q值较低，证明内部资本配置是无效的。Scharfstein和Stein（2000）[27]通过构造一个双层委托代理模型和数据相结合的方式得到了类似的结论。他们认为集团总部CEO与分部管理层、集团总部CEO与股东之间的双重代理关系会扭曲资本配置，即对于效益好的项目投资不足，而对于效益差的项目反而过度投资。进一步地，Rajan，Servaes和Zingales（2000）[40]通过建立资本扭曲模型研究发现，为了激励部门经理采取公司总部利益最大化的行为，公司总部对部门经理实施的补贴，在各分部面临的投资机会不同时，容易引发"交叉补贴"行为,从而导致的资本配置平均化。他们通过数据验证发现公司发生交叉补贴的概率与公司内投资机会的分散程度成正比,交叉补贴程度与内部资本市场的折值程度正相关。

在我国企业集团中也存在交叉补贴现象。我国上市公司是通过国有企业改制而成,改制过程中往往采用把优质资产剥离上市,盈利性较差的资产被保留在母公司或者其控制的关联公司之中,因此,终极控制人(大股东)往往通过内部资本市场,从上市公司转移资产以支持或者补贴盈利性差的部门(Deng et al.,2010)[41]。

(3)利益输送行为。

在新兴市场国家企业内部资本市场中,由于控股股东和中小股东之间的代理问题,内部资本配置行为往往异化为利益输送行为。Johnson 等(2000)[42]指出,由于"金字塔"结构下控制权与现金流权的分离,终极控制人有动机采用各种手段(包括非法手段)侵占小股东利益。Khanna(2000b)[8]明确指出大股东利用集团内部资本市场和内部要素市场这两个场所,通过关联交易等较为隐秘的方式"掏空"上市公司。Lins 和 Servaes(2003)[43]则认为,在投资者保护程度薄弱的国家里,控股股东更有动机和能力,利用"金字塔"结构进行利益输送,严重影响集团的公司治理水平。

2.1.3.3 内部资本市场资本配置效率的测度

关于内部资本配置效率的测度,学者们构建了不同的模型,主要的计量方法有:

(1)价值增加法。价值增加法由 Rajan 等(2000)[40]提出。该方法用相对价值增加(Relative Value Added,RVA)和绝对价值增加(Absolute Value Added,AVA)两个指标来测度 ICM 效率。其计算公式分别为:

$$EV = \frac{MV_d}{RVA_d} - \sum_{j=1}^{n} q_j \frac{BA_j}{BA_d} \qquad (2.1)$$

$$EV' = \frac{MV}{S} - \sum_{j=1}^{n} \left(\frac{MV}{S}\right) \frac{S_j}{S} \qquad (2.2)$$

其中，MV 是年末资产的市场价值，RVA 是多元化企业资产的重置价值，q_j 是与分部 j 具有相同三位数标准产业代码的独立公司的平均 q，BA 是资产的账面价值，S 是销售收入，n 是多元化分部数量。

（2）托宾 Q 值敏感性法。该方法是 Peyer 和 Shivdasani（2001）[44]提出来的，以部门投资的 Q 值敏感性系数的来判断内部资本市场的效率。其计算公式如下：

$$QS = \frac{\sum_{j=1}^{n} sale_j \times (Q_j - \overline{Q}) \times \left\{\left[\frac{capex}{sale}\right]_j - \left[\frac{totalcapex}{totalsale}\right]\right\}}{totalsale} \quad (2.3)$$

其中，Q_j 为部门托宾 Q，$\overline{Q}$ 是企业部门资产加权平均 Q，capex 是部门的投资支出，totalcapex 是企业的投资支出。如果（$Q_j - \overline{Q}$）与 $\left\{\left[\frac{capex}{sale}\right]_j - \left[\frac{totalcapex}{totalsale}\right]\right\}$ 同号，即部门投资的 Q 值敏感性为正数，则说明此时企业内部资本市场资源配置是有效的。

（3）现金流敏感性法。Maksimovic 和 Phillips（2002）[45]及 Shcoar（2002）[46]提出用分部的现金流量替代托宾 Q 来度量企业内部资本市场的配置效率，其计算公式如下：

$$CFS = \frac{\sum_{j=1}^{n} sale_j \times \left(\frac{cf_j}{sale_j} - \overline{\frac{cf}{sale}}\right) \times \left\{\left[\frac{capex}{sale}\right]_j - \left[\frac{totalcapex}{totalsale}\right]\right\}}{totalsale} \quad (2.4)$$

其中，$\left(\frac{cf_j}{sale_j} - \overline{\frac{cf}{sale}}\right)$ 反映 j 分部回报率与平均回报率的差，$\left\{\left[\frac{capex}{sale}\right]_j - \left[\frac{totalcapex}{totalsale}\right]\right\}$ 反映 j 分部获得的投资与平均投资的差，CFS 大于 0，表示企业内部资本市场的配置有效，CFS 小于 0，则无效。

2.2 公司治理与内部资本市场

由于内部资本市场的组织载体（如"M"型企业和"H"型控股公司）

结构的复杂性和集团内部资本配置的隐秘性,以及内部资本配置中伴随着多层次和多主体的代理问题,内部资本市场的公司治理显得尤为复杂。在内、外公司治理机制不完善、投资者保护制度薄弱的环境下,内部资本市场很可能异化为利益输送的场所,可能损害集团的价值、成员企业的价值和各相关投资主体的利益。

2.2.1 公司治理的本质

Berle 和 Means (1932)[47]的研究表明,公司管理者常常以追求个人利益的最大化为目标,偏离甚至背离其委托人股东的利益目标。公司治理是现代企业所有权和控制权分离的产物,是委托代理问题和不完全合约理论等问题研究的逻辑延伸。从这个角度出发,Shleifer 和 Vishny (1997)[48]、La Porta 等 (2000)[49]认为公司治理在于保护中小投资者的利益,解决的主要问题是如何保证资金的提供者得到合理的回报。张维迎 (1999)[50]认为,公司治理就是一种解决公司内部各种代理问题的机制。而 Zingales (1997)[51]将公司治理看成是"一系列复杂的约束"。

青木昌彦和钱颖一 (1995)[52]则认为,公司治理是一套制度安排,是用来支配与企业重大利害关系的团体(包括投资者、内部人和工人)之间的关系,并从这种制度中实现各自的经济利益。这种制度应包括"如何配置和行使控制权;如何监督、评价和激励董事会、经理人员和职工"等问题。

综上所述,从本质上说,公司治理是一种剩余索取权和剩余控制权的制度安排,如何使资金提供者按期收回投资并获得合理报酬是公司治理的基本问题 (Shleifer and Vishny, 1997)[48]。公司治理尤其要保护中小投资者的利益。

2.2.2 内部资本市场管理层代理问题

受 Berle 和 Means (1932)[47]的影响,传统的公司治理理论集中关注基于现代公司股权高度分散情况下所有者和管理者之间的委托代理冲突，以及管理者的自利行为。并认为公司治理要解决的问题是因所有权与控制权分离而产生的股东和管理者之间的代理问题。

在西方"弱所有者、强管理者"的情况下，学者们关于内部资本市场的代理理论也主要考虑了管理层代理问题对内部资本市场效率的影响。基于西方国家的内部资本市场广泛存在于"M"型企业中的事实，由于"M"型组织结构的双层性和复杂性，管理层的代理问题也显得比较复杂，包括CEO代理问题，部门经理代理问题，以及CEO和部门经理的双层代理问题。

Wulf（2000）[53]、Scharfstein和Stein（2000）[27]等发现分部的代理问题与分部经理的"寻租"行为会影响公司总部的资金分配，导致较差的投资项目占用较好投资项目的资金。Lamont等[5]的研究表明，在考虑企业投资预算刚性约束和代理人的约束激励机制的条件下，企业分部经理人的"寻租"行为导致集团资金在不同项目和部门间的低效率配置。陈良华（2014）[54]剖析分部经理机会行为如何损害多元化企业内部资金配置效率，提出可引入信息租金来有效制衡分部经理机会行为。

2.2.3 内部资本市场所有权层面代理问题

从Berle和Means（1932）[47]的分散股权结构发展到Shleifer等（1997）[48]的集中股权结构，再发展到La Porta等（1999）[55]的复杂终极股权结构。终极控股股东通过"金字塔"结构、交叉持股以及双重股权等方式达到两权分离，使得终极股东有能力和动机攫取控制权私有收益、侵占中小股东利益。在西欧和东亚地区，"金字塔"控股结构成为最常见的结构形式。如冯根福（2004）[56]指出，只关注股东与经营者之间利益冲突的传统委托代理理论主要是针对以股权分散为主要特征的西方上市公司而构建的一种公司治理理论。对于股权集中或大股东控制为主要特征的新兴市场国家而言，上市公司治理不仅要解决全体股东与其代理人管理层之间的代理问题，而且更要解决大股东与中小股东之间的利益冲突。内部资本市场的代理问题主要表现为大股东和中小股东之间的代理问题。

Claessens（2002）[57]的研究中提出，当企业集团处于法律制度并不健全的环境中，而且股权结构较为复杂时，企业集团内部资本市场运作可能会加剧代理问题，提升代理成本，内部资本市场被沦为大股东进行利益攫取和侵占的工具。

万良勇等（2006）[58]通过三九集团的案例研究发现，三九集团依靠过度集中的控股权，通过内部资本市场的机会主义运作从上市子公司三九医药攫取了巨额资金，导致了三九医药的财务危机发生。

许奇挺（2006）[59]认为，中国多元化经营的国有控股企业的内部资本市场代理问题主要属于管理层代理问题主导下的双层代理关系；而多元化经营的家族企业（或民营企业）的内部资本市场代理问题属于控股股东代理问题主导下的双层代理关系。并对管理层代理问题主导下与控股股东代理问题主导下的双层代理关系特征进行了比较分析。

2.3 大股东控制

传统的委托代理理论认为，公司治理要解决的主要问题是所有权分散模式下股东与经理人之间的利益冲突和经理人的自利行为。这种研究体系假设股东具有同质性，即所有股东的目标利益函数都保持一致。随着实践中大股东问题的不断显现，所有权集中条件下的大股东控制问题逐步成为理论界研究的热点，一些学者从控制权私有收益视角，探讨基于股权集中条件下大股东与中小股东委托代理冲突的公司治理问题。

2.3.1 所有权集中与大股东出现的成因

分散的股权结构曾经被视为现代企业制度和公司治理机制必须遵循的金科玉律（Berle and Means，1932）[47]。但实践和理论成果不断表明，企业所有权结构呈现出集中的趋势。La Porta（1999）[55]对股权结构集中度进行了国际比较研究（以49个国家最大10家公司为样本）表明，股权结构在世界范围内都呈现出集中趋势。

股权集中和大股东现象出现的成因不尽相同，与股权集中的类型、所在国家或地区的法律制度，甚至政治文化等多种因素的不同有关。从目前的研究来看，主要集中在经济因素和法律因素两个方面。

（1）经济因素。Grossman和Hart（1988）[60]的研究发现，控制权收益的存在是大股东出现的首要经济动因。他们认为控制权收益是指控制性股东通过对控制权的占有和使用所获取的全部价值之和。在市场化条件下，当控制权收益超过分散投资的利益时，所有权集中和投资者成为公司大股东就成为必然现象。大股东有动力获取小股东无法分享的控制权私有收益（Private Benefit）。他们的研究起源于公司接管过程中的金钱收益，所以将控制权私有收益定义为收购者获得的协同效应溢价，包括以低于市场价格排斥小股东的能力、额外的控制权以及对公司资源的转移权。Demsetz和Lehn（1985）[61]的研究表明，控制权私有收益包括货币收益和非货币收益（职员的任命、与雇员的人际关系、社会地位和声誉等），并进一步认为非货币收益也是企业股权集中的动因。Bebhuk和Kahan（1990）[62]、Coffee（2001）[63]等人也认为，控制权私有收益是"控制公司的人"获得的排他性的收益。

Shleifer和Vishny（1986）[64]从企业利益的视角进行了研究。他们认为大股东有动力和能力来监督、激励管理层，甚至更换管理层，从而降低代理成本，提高公司绩效。而且大股东控制有利于解决中小股东"搭便车"的问题。因此，他们认为控制权收益符合企业利益相关方的共同利益，是股权集中和大股东出现的经济动因。Grossman和Hart（1988）[60]将这种因大股东控制和监督所增加的收益称为控制权共享收益。

综上所述，控制权私有收益和控制权共享收益是所有权集中和大股东出现的两个主要经济动因。

（2）法律因素。La Porta等认为，股权集中和大股东的出现除了微观层面上的经济动因外，还与宏观层面上一个国家的法律对投资者的保护程度密切相关。La Porta等（2000）[49]对五个西欧经济体、Stijn Claessens等

(2000)[65]对九个亚洲经济体的上市公司分别进行研究,发现当投资者法律保护程度低时,投资者有的动机谋求自己成为大股东,追求控制权私利,从而导致出现股权集中和大股东控制趋势。La Porta 等(2002)[66]发现,与普通法系的国家相比,民法系国家对中小投资者的保护程度相对较弱,这些国家的上市公司的大股东"隧道"行为也相对更加严重。

2.3.2 控制权私有收益的实现途径

Cofee(2001)[67]指出,控制权私有收益是控股股东转移公司资产行为所获得的收益,其控制权私有收益的具体实现形式包括低价转移资产、过度报酬和关联担保等。La Porta 等(2002)[66]以 27 个发达国家公众公司为样本,对大股东获取控制权私有收益的途径进行了研究,他们发现大股东获取控制权私有收益的途径包括资产买卖、内部关联交易、收购、信用担保、转移定价和过高的管理层报酬等经济交易形式,通过这些经济交易转移资产。由于这些交易行为是大股东操纵下的自我交易,因此具有很强的隐蔽性。Johnson 等(2000)[40]形象地把控制权私有收益称为"隧道效应(Tunneling)"。而 Claessens,Djankov,Fan 和 Lang(2002)[56]认为,控制性大股东通过企业的控制权和现金流权分离,来实现这些转移性交易。国内相关研究也发现,我国上市公司的大股东获取控制权私有收益的主要途径是转移性交易行为[58,68-69](主要包括资产替代和转移、内部关联交易和转移定价等)。

2.3.3 大股东控制、控制权收益对公司治理的影响

一方面,大股东参与治理的行动可以解决中小股东的集体行动的难题,消除了股权分散下的小股东"搭便车"现象,并弥补有效监督供给不足的问题。Grossman 和 Hart(1980)[70]较早关注分散股权下监督供给不足问题。继 Grossman 和 Hart(1980)[70]的研究之后,Shleife 和 Vishny(1986)[64]的研究进一步表明,在股权集中下,大股东依靠其投票权和控制权,可以控

制或者影响公司的决策，从而获得监督带来的好处，所以大股东有较强的动机提供监督。Gorton 和 Schmid（1999）[71]的研究也表明：大股东的存在不仅可以改善企业绩效，而且可以解决股权分散条件下中小股东"用脚投票"和"搭便车"问题，从而克服股东集体行动的难题，在企业绩效不良时，甚至可以更换不称职的经理人。韩俊华等（2018）[72]提出，引进大股东监督能提高内部资本市场资源配置效率。

另一方面，大股东参与治理同样带来了新的问题。大股东对控制权私有收益的追求有可能产生更为严重的公司治理问题和代理成本，甚至对小股东直接侵占（Shleife and Vishny，1986）[64]。在控制权与现金流量权分离的情况下，大股东以较少的现金流量权就可以获得公司的控制权。大股东在掌控了公司的控制权后，就可以各种渠道和手段侵占公司的资源[42]。Bebchuk，Kraakman 和 Triantis（1999）[73]分析了控股股东分离控制权和现金流量权的三种方式："金字塔"结构、交叉持股结构和二元股份结构。在现金流量权和控制权分离的情况下，控股股东以较小的股权（现金流权）就可以牢固地掌控公司的投票权。大股东常常通过关联交易和转移利润等方式侵占小股东财富，非效率地选择投资项目、投资规模和非效率地进行控制权转让。LLSV（2002）[66]的理论模型和实证分析表明，控股股东的现金流权与对小股东的掠夺负相关，与企业价值正相关；法律对小股东权利的保护与小股东的掠夺负相关，与企业价值正相关。

相对于直接侵占而言，大股东基于控制权私有收益的追求而产生的非效率财务决策行为，尤其是非效率的资本配置行为，对公司价值和对小股东利益带来的损害，可能更为严重和更值得关注（Martin and Peter，2007）[74]。如 Dyck 和 Zingales（2004）[75]指出，大股东掌握的控制性资源的规模越大，就越有动机和能力进行有利于自身利益的财务决策，从而越有利于大股东获取控制权私利。另外，由于法律的限制以及侵占成本，控制性股东对中小股东的直接利益侵占行为一旦被发现，其声誉将遭受损失，这将加大控制性股东的外源融资成本，从而使利益直接侵占行为受到一定的节制，致使大股东愿意通过非效率的财务决策追求控制权私利。

基于控制权私有收益的大股东非效率财务决策行为，主要表现为过度投资和投资不足行为。Albuquerue 和 Wang（2008）[76]的研究发现，在投资者保护程度薄弱的情况下，由于控制权私有收益与公司规模正相关，控制性股东趋于过度投资。Erwan 和 Neng Wang（2004）[77]的研究发现，相对于最优投资时点，控制性股东会提前投资，这样大股东可以更早地获得控制权私利，这是另一种形式的过度投资行为。Filatotchev 等（2007）[78]认为，控制权私有收益导致所有权集中度与外部股权融资之间呈现出"驼峰"型非线性关系，而这种非线性关系是导致企业投资不足问题的原因。刘星等（2011）[79]发现，当地方政府作为上市公司终极控制人时，控制权与现金流权分离表现出"堑壕效应"，但是当地方政府持有的现金流权较大时，以过度投资攫取控制权私利的成本加大，这种"堑壕效应"会有所收敛。杨柏，彭程和代彬（2011）[80]以 2001～2009 年附属于企业集团的中国上市公司为对象，结合上市公司产权特性，实证检验了内部资本市场对公司投资行为的影响。研究发现，国有企业内部资本市场会加剧过度投资，同时也会对投资不足起到缓解作用；而民营企业的内部资本市场会弱化过度投资问题，也会导致投资不足变得更加严重，从而表明内部资本市场运作在不同的产权特征下会表现出不一样的经济后果。

郭胜，张道宏（2011）[81]考察了股权分置改革后上市公司大股东控制与非效率投资及公司治理之间的关联。研究表明，中国上市公司非效率投资现象严重，且总体表现为投资不足；控股大股东与非效率投资之间呈现非线性关系；第二大股东能抑制过度投资行为，但也进一步导致投资不足；股权集中度与非效率投资呈正向关系。

综上所述，大股东参与治理改变了传统公司治理问题的本质。大股东的积极监督，有利于缓解股东和经理之间的代理问题，但大股东出于对私人收益的追求，带来了新的代理问题，即对公司和小股东利益的侵占。因此，基于控制权收益的形成和分配的公司资本配置行为，越来越受到理论界的关注。

2.3.4 大股东"掏空"行为

控制性股东为了对控制权私利的追求，可能将企业的资源和利润转移到自身，从而损害中小股东的利益的侵占行为被 Johnson 等（2000）[40]形象地称为"掏空"（Tunneling）。关于大股东"掏空"方面的研究主要从"掏空"方式、影响因素和经济后果等方面展开。

2.3.4.1 "掏空"方式

国内外文献主要从大股东并购行为、资金占用、关联交易和现金股利等角度研究大股东"掏空"行为。

Bae 等（2002）[82]研究发现，1981～1997 年韩国集团公司并购活动中，资源从并购发起方转移到了集团内部的其他公司中，从而验证了韩国企业集团控制性股东内部通过并购活动实现掏空行为。Chang（2002）[83]则发现，韩国上市公司的大股东常常分离所有权和控制权，通过关联交易的形式将上市公司的资源转移到持股比例更大的公司里，损害上市公司业绩，侵害小股东利益。李增泉等（2004）[68]把关联交易中的资金占用作为掏空行为的替代变量实证分析了所有权安排与掏空行为之间的关系。Jiang，Lee 和 Yue（2010）[84]把关联担保和关联借贷作为中国企业集团最终控制人侵占上市公司的主要形式，发现大股东资金占用已成为我国资本市场上的普遍现象。此外，控制性股东通过股利政策来掠夺小股东，甚至投资于那些产生负收益的项目来榨取高额的控制权收益（Bena and Hanousek，2006[83]；La Porta et al.，2000[49]）。阎大颖（2004）[86]通过对我国上市公司的派现行为研究发现，股利政策倾向与公司股权结构集中度具有显著联系，非流通的控制性股东利用现金股利进行"圈钱"。杨颖（2010）[87]利用 2003～2008 年的数据研究发现，现金股利的支付与公司价值成负相关关系，现金股利政策成为最终控制人谋利的工具。

2.3.4.2 影响因素

关于大股东"掏空"行为的影响因素，国内外学者主要从投资者法律保护制度和大股东持股比例和性质等方面来研究。La Porta 等（1997，1998）[88-89]发现，投资者法律保护是影响大股东"掏空"行为的一个主要因素。他们发现投资者法律保护程度越高，大股东"掏空"程度越低。

Djankov 等（2008）[90]对 72 个国家进行问卷调查，建立"抗自我交易指数"（Anti-self-dealing Index）来衡量投资者法律保护程度，我国学者沈艺峰等（2004，2009）[91-92]分别建立了中小投资者法律保护指数和投资者保护执行指数，对中小投资者法律保护与控制权私利关系进行实证检验，都得到了与 La Porta 类似的结论。投资者权益保护的法律制度越完善，政府干预越少，大股东的"掏空"程度也越低（罗党论和唐清泉，2007[93]；王鹏，2008[94]）。

除投资者法律保护程度外，大股东持股比例是影响大股东"掏空"行为的重要因素。Claessens 等（2002）[56]、Johnson 等（2000）[95]和 La Porta 等（2002）[66]的研究均证实了控股股东的现金流权越大，其"掏空"程度就越低，公司价值就越高。贾明等（2010）[96]的数理模型表明，控股股东的"掏空"程度与其持股比例、违规成本、社会声誉水平及约束机制等因素相关。刘峰和贺建刚（2004）[97]以及郑建明等（2007）[98]的实证结果也证明了控股股东持股比例越高，其通过资金占用和非正常关联担保方式侵害中小股东利益的倾向性就越低。李增泉等（2004）[68]的实证分析发现，控股股东对上市公司的资金占用与第一大股东持股比例之间存在先升后降的非线性关系，与其他股东的持股比例却表现出严格的负相关关系。

刘运国等（2009）[99]和 Jiang 等（2010）[100]关于控股股东性质对"掏空"行为影响的研究发现，当最终控制人性质为自然人时，上市公司被"掏空"较为严重；当最终控制人为国家控股时，"掏空"有所缓解。

2.3.4.3 经济后果

对于大股东"掏空"行为的经济后果，Johnson 等（2000）[40]认为，控股股东的"掏空"行为是导致 1997 年亚洲金融危机的重要原因。Morck 等（2000）[101]和 Wurgler（2000）[102]的研究证明，大股东"掏空"行为会降低资本市场的资源配置效率。类似地，Bertrand 等（2002）[103]研究也认为，大股东的"掏空"行为可能加剧信息的不对称程度，进而降低了整个经济的透明度。

姜国华等（2005）[104]研究表明，大股东占用上市公司资金越严重，上市公司未来股票回报率就越差；大股东资金占用程度和上市公司未来年度的盈利能力和持续性呈显著的反比关系，表明资金占用对上市公司经营有显著的负面影响。Jiang 等（2010）[100]研究表明，大股东资金占用比例越大的公司被 ST 的可能性越大，其市场价值也越更低。袁奋强［2015］[105]以"系族企业"为研究对象，研究发现，国有"系族企业"能够利用内部资本市场实现其资本配置功能，但是民营"系族企业"却不能有效发挥其资本配置功能，内部资本市场更可能异化为掏空工具。

2.3.5 大股东支持行为

与"掏空"行为相对应的，Friedman 等（2003）[106]通过构建支持行为的动态模型，提出了"支持（Propping）"行为，即公司大股东通过各种手段①向上市公司转移各种资源，以支持上市公司的行为。例如，当上市公司遇到财务危机时大股东也会注入资产予以帮助。当然，他们认为出现支持行为的原因是控制性股东希望公司持续生存以保留未来"掏空"中小股东的机会。

类似地，Riyanto 和 Toolsema（2008）[107]也认为，控制性股东的支持行为为小股东的投资提供了激励，实际上为小股东提供了一种保险机制。控制性股东对公司的"支持"这种行为在中国的资本市场上很普遍，当配股和增发需求，或者面临退市风险时，其控股股东会通过非正常的关联交易支持上市公司（Jian and Wong，2008）[108]。

2.4 文献述评

关于内部资本市场的研究，国内外学者主要围绕内部资本市场配置效

---

① 支持手段包括正式的和非正式的、合法的和非合法的、公开的和隐蔽的向上市公司转移资源的各种行为。

率及其成因展开进行。基于成熟市场经济背景，西方学者主要集中于"M"型企业的内部资本市场存在性和有效性的研究。他们通过考察内部资本市场与外部资本市场之间的相互关系，来比较内部资本市场的功能，内部资本市场缓解融资约束功能已得到大多数学者认同；同时，主要考虑"弱股东，强管理"情况下的管理层代理问题（总部管理层代理问题、成员企业经理代理问题以及双层代理问题）对内部资本市场效率的影响，集中关注内部资本市场中的寻租行为和管理层激励问题。随着内部资本市场理论的发展，学者们逐渐研究视野扩大一些新的研究领域，如企业的组织架构、跨国企业和新兴市场等。

而国内学者基于上市公司股权相对集中和外部投资者保护较弱的实际情况，主要借鉴西方的理论模型和实证方法，集中研究"H"型企业集团（控股型企业）内部资本市场的研究。在股权集中的背景下，更多关注控股股东对中小股东利益侵占问题对内部资本配置效率的影响。由于缺乏数据，国内大量采用了案例研究方法去解释内部资本配置效率及其成因。

虽然近年来国内外内部资本市场理论研究取得了较丰富的成果，但由于内部资本市场是一个新兴研究领域，目前的研究在很多方面仍存在不足。具体而言，表现在以下几个方面。

（1）缺乏对内部资本市场资本配置行为、行为机理、特征及其优化的系统研究。目前的研究多侧重于内部资本市场配置的结果，即配置效率如何，缺少对其运作过程的深入分析。外文文献中除 Triantis（2004）[109]以及 Powell 等（2008）[110]对内部资本市场中的资本配置和交易形式有所涉及外，尚未看到其他文献对内部资本市场运作方式进行论述。我国的现有文献多从控制权角度研究内部资本市场的利益输送功能和"掏空"上市公司行为（杨棉之，2006[111]；李艳荣，2007[112]），对内部资本市场运作方式、行为机理的研究也不够重视。涉及对内部资本市场运作方式和机理进行分析的文献（万良勇和魏明海，2006[58]；吕洪雁，2007[113]；佟岩，王丹虹，2010[114]）只有3篇。而且，现有文献都是孤立地分析某种运作方式，没有从企业战略层面深入分析内部资本市场运作，往往容易造成结论的片面性。

（2）缺少基于中国制度背景的理论建模。我国上市公司的大股东与小股东之间的利益冲突更加复杂,特殊的经济制度和资本市场环境必将影响我国企业集团内部资本市场的运行及效率,使之产生不同于国外发达国家企业集团内部资本市场的特点。然而,已有的国内文献多是直接借鉴国外成熟模型,着重分析内部资本市场的信息和节约交易成本的优势以及它的资源配置效率等方面,缺少基于我国制度背景的模型构建,缺乏针对转轨经济与新兴市场国家典型特征的研究,这导致了理论与经验证据难以直接解释我国的实际情形,已有研究成果难以有效地对我国公司集团内部资本配置的改革实践提供指导与支持。

(3)从单个公司治理角度研究内部资本市场有效性较多,却很少涉及公司集团范畴的治理研究。目前对内部资本市场治理问题的研究停留在较浅层面,基本上以上市公司为主体,而对公司集团治理的研究有所忽视,缺乏较为深入的研究。因此,迫切需要在内部资本市场的相关研究中充分结合中国特殊的制度背景,从公司集团角度,构建符合我国公司集团特点的内部资本市场治理的理论模型。

(4)对内部资本市场有效性的公司治理研究尚不系统,缺乏对提升内部资本市场有效性的协同治理机制的系统研究。现有国内文献大多集中研究控股股东行为对内部资本市场治理的影响,而忽视了公司集团内部资本市场的运作是一个多主体、多时期和多任务的利益冲突与协调的过程,治理结构和管理体制相对复杂。基于内部资本市场的公司治理机制是正式机制和非正式机制的交融,包括内部治理机制和外部治理机制,内部治理机制主要包括激励机制、监督机制和决策机制,外部治理机制主要包括产品市场、经理人市场、外部资本市场和公司控制权市场等外部约束力量,以及国家作为国有股所有者的监督和作为社会管理者的法律监督,还有银行作为债权人的外部监控等。因此,有必要深入考察我国外部制度环境(包括法律保护程度和政府干预等)对企业集团内部资本市场运行的影响及其影响机理,构建大股东与中小股东之间、终极控制人(大股东)与母公司CEO之间、母公司CEO和子公司CEO之间,监管者和大股东之间,以及成员企业之间等的利益博弈模型,以分析特定条件下大股东的理财决策及影响,并深入考察我国内部资本市场运作的特点,建立ICM利益协调机制、市场调节机制、信息传递机制和外部监管机制,对管理者行为的控制并设计合理的契约机制和激励机制。

总之,关于公司集团内部资本市场配置的相关文献,数量偏少,缺乏系统性。因此,理论界有必要深入了解内部资本市场资本配置的形成动因、运作方式、载体及其特点,各种资本配置方式适用的环境、目的、特点、具体手法、影响因素、作用机理及其表现。事实上,关于内部资本市场资本配置行为(运作模式、行为机理及其优化)的研究,才是整个内部资本市场理论框架的基础和理解内部资本市场作用机理、配置效率及经济后果的关键所在。

鉴于此,在后面的研究中,笔者尝试在借鉴前人理论与实证研究成果的基础上,以内部资本市场有效性研究为切入点和归宿,以公司集团为研究视角,立足于中国的法律、政策和独特的资本市场环境,从剖析内部资本配置具体过程入手,分析公司集团内部资本市场资本配置行为的内涵、表现形式、动机、特征和机理,以及影响因素,试图全面系统地分析我国大股东控制下的公司集团内部资本配置行为,重点对大股东控制及控制权私有收益对公司集团内部资本配置决策的影响问题展开进一步深入和系统的探究,厘清股权结构和大股东控制权私有收益对部资本配置效率及成员企业和整个集团价值产生影响的路径和机理,全面认识大股东在公司治理中的作用[1],研究防范大股东的机会主义行为监管的对策。

---

[1] 大股东在公司集团内部资本配置活动中,同时表现出积极和消极作用。现有一些相关研究往往片面认识大股东参与公司治理的作用。

第3章 公司集团内部资本市场形成的制度背景及现状

本章试图从我国企业集团形成和证券市场制度特征两个方面,对我国转轨经济和新兴市场条件下普遍存在的公司集团内部资本市场形成的制度背景、成因进行具体分析,在此基础上,对公司集团内部资本配置现状特征做描述性的统计分析,初步揭示大股东在内部资本配置活动中的作用、地位和行为特征,为后续理论和实证研究的展开提供现实基础和依据。

3.1 大股东控制下的公司集团内部资本市场形成的制度背景

3.1.1 我国企业集团的形成动因与内部治理

无论是在发达国家还是在新兴的市场国家,作为内部资本市场的主要组织载体,企业集团都是一种主流的企业组织形态,在经济生活中扮演着重要角色(Gango Padhyay et al.,2003[115];Claessen et al.,2006[116])。Khanna 和 Yafeh(2007)[117]关于世界各国的研究表明,隶属于集团的企业,有的国家甚至达到 2/3,少的也占到 20% 以上。在我国经济中,企业集团同样占据着重要地位。截至 2008 年底,我国共有年营业收入 10 亿元及以上的企业集团 2007 家,前 500 家大型企业集团的营业收入达 214772.88 亿元,其年度销售收入总和与国内生产总值(GDP)的比值达到 71.43%①。

---

① 数据来源:中国大企业集团 2009. 北京:中国发展出版社,2010.

作为现代社会中一种典型的经济组织形式，企业集团在我国经济生活中只有二三十年的历史。新中国成立后，政府通过直接投资的方式建立的国有企业，实际上是单一的生产工厂。企业没有自主经营决策权，整个生产经营处于政府计划统筹之下，企业没有动力和权利进行扩张而形成大型经济联合体，因此，在传统的计划经济体制下，并没有形成真正意义上的企业集团（Keister，2000）[118]。20世纪80年代初，我国借鉴日本和韩国工业化中企业集团的经验，出台了一系列相应的制度和政策推动企业集团的发展。进入20世纪90年代，我国企业集团的发展也逐步走向法治化和规范化。

3.1.1.1 形成动因

Coase（1937）[119]认为，更多的业务被归并到企业内部的根源是市场交易的高成本。企业集团利用内部市场弥补外部制度的缺陷，降低了市场交易的成本，缓解了企业的融资约束，有利于地区经济的发展。转型时期的中国具有明显的转型经济与新兴市场特征，制度的发展相对落后，产权保护机制不健全和外部市场（资本、劳动力和产品市场）的不发达，严重地影响契约签订的难易、市场交易的成本和企业融资的力度，对中国企业集团的形成与发展产生了重要影响。政府对经济的普遍干预也导致我国企业集团的组建更多地表现出一种政府行为（辛清泉、郑国坚和杨德明，2007）[120]。为此，本章从政府干预和市场环境两个方面分析企业集团的形成动因。

（1）政府干预。

中国企业集团并不是在市场竞争中自发形成，而是在政府的直接推动下形成和发展的。林云（1998）[121]认为，政府推动企业集团的形成，主要有三个方面的原因：①国有经济战略性改组。政府提出"抓大放小"政策，通过大企业战略和资产重组政策，来促进企业集团的形成。②加强企业的国际竞争力。为了提高中国企业的国际竞争力，政府致力推进共同投资、企业合作以及兼并，以期通过组建企业集团来增强中国企业国际竞争力。③实现政府目标。针对企业经营亏损和破产带来的劳动力难以安置、银行坏账巨大、有损安定团结和经济稳定的一系列问题，政府有动机强行实行优劣结合，组建企业集团，把包袱卸给优势企业。

对于推动企业集团的形成，政府主要采取了三种措施：①用优惠政策鼓励和支持企业投资支柱性产业；②对经济活动进行整体规范和限制；③控制关键资源，如对金融市场进行监管，发放行业许可证，掌控技术、土地和信息等关键资源（Nolan，2001[122]；Ghemawat and Khanna，1998[123]）。

（2）市场环境的影响。

除了政府的直接推动作用外，市场环境对企业集团的形成也发挥了十分重要的作用。林云（1998）[121]指出，市场机制对企业集团形成产生十分强大的内在动力，促使企业不断扩大，并通过兼并和合并等途径形成企业集团。他把企业集团形成的市场因素归结为：企业优胜劣汰、"短缺经济"的改变、市场交易成本的产生和提高、"外部经济内部化"和规模经济效应五个方面。具体而言，随着我国市场经济的不断发展和日趋成熟，市场通过企业优胜劣汰促使资源向经营好的企业配置的能力逐步增强，"短缺经济"的消失使企业面临较强的竞争压力，出于竞争压力和经济诱因，企业之间的联合也不断出现，从而促进了我国企业集团的形成。从节省交易成本的角度看，由于我国市场交易规则还不健全，致使市场交易成本较高。企业通过组成企业集团，部分取代市场交易，同时将部分外部经济的波及作用尽量发挥在集团内部，以降低过高的市场交易成本。为了获取规模经济效应，企业通过组建企业集团来扩大企业规模，以达到规模经济要求。

与国外企业集团的不同，我国企业集团的所有权性质复杂多样，大致可以分为国有企业集团和民营企业集团，而国有企业集团又可以分为国有资产管理机构控制企业、中央直属国有企业和地方所属国有企业。改革开放以来，中国企业集团的产生和发展大致可分为横向联合阶段（1979～1986年）、政府导向阶段（1987～1993年）、市场规范阶段（1994年至今）三个阶段（周群华，2011）[124]，形成了行政机构演变型、联合改组型和企业成长型三种模式①。行政机构演变型集团主要集中在有关国计民生的产

---

① 《中国企业集团发展的历史与现状》，北京结盟管理咨询有限公司研究报告，2004年第12期。

业，在形成过程中中央政府起主导作用；联合改组型企业集团是由地方政府与企业共同作用的结果；成长型企业集团主要是在市场力量作用下形成的，大多处于竞争性行业。

特别值得注意的是，我国民营企业集团的形成大多是民营企业在制度劣势中的无奈反应，也是对政府管制的防御性安排（陈信元和黄俊，2007）[125]。在我国，民营企业由于自身规模小、各项规章制度不够完善，从而很难获得银行的信贷支持。在直接融资方面，由于国家的各项政策都倾向于国有企业，民营企业要想直接上市需要付出极高的代价。在融资约束和融资冲动的激励下，民营企业通过购买上市公司股份控制一家或多家上市公司，达到间接上市的目的，也就是所谓的"买壳上市"。

综上所述，我国企业集团的形成和发展离不开政府的干预和市场环境的影响。在我国新兴市场环境下，为了实现其自身角色转换和目标，政府对企业集团和内部资本市场的形成起着主导和关键的推动作用，市场机制的影响力量处于次要地位。但是随着市场环境的逐步改善，市场力量必将成为中国企业集团及其内部资本市场发展和调整的主导力量。

3.1.1.2 企业集团的内部治理

企业集团是多个法人企业的联合体，由于企业集团存在错综复杂的利益主体、多重和多层次的代理关系以及信息不对称等问题，企业集团治理更加复杂。企业集团的公司治理，就是要解决由产权结构调整而产生的企业各利益相关群体之间的矛盾，满足各层级和相关利益主体对公司价值的创造和分配的利益要求，最终达到利益的共识并建立共同的治理结构，实现公司治理优化。企业集团治理是建立在"单一法人企业治理"的基础之上，而又与单一企业不同，有其自身的特点。由于企业集团终极控制人现金流权和控制权往往被高度分离、相关利益主体众多以及集团组织结构常常采用"金字塔"结构等原因，企业集团治理显得尤为复杂。

（1）国有企业集团的公司治理。

我国国有企业集团实行多级法人运营模式和"双层治理"。即母公司治理以产权一元化为基础，而子公司特别是上市子公司治理以产权多元化为基础的双层治理模式。

基于国家经济安全、国有经济战略发展和国际竞争等方面的考虑，母公司层面大多是国有独资或者控股。在这种结构下，集团在母公司层面的公司治理基本沿袭和保留了传统国有企业的公司治理模式。尽管有些集团公司已采用了公司制的形式，但是事实上公司治理流于形式。

与母公司层面的治理相反，集团在子公司这一层面大多是一种产权多元化的结构，采用了相对完善的公司治理机制。公司设置董事会、股东大会和监事会，并强调三者的相互制衡。同时，保留了一些具有中国特色的治理机制，如均保留党委会、工会、职工代表大会和纪检委。

（2）民营企业集团的公司治理。

与国有企业集团一致，民营企业集团也存在公司治理不完善的问题。在民营企业集团中，由于家族控制和产权结构的单一与封闭，很难形成有效的监督和制衡机制，从而导致较高的公司治理风险。在面临较大的外部资本市场融资约束时，民营企业集团更倾向通过"金字塔"型的股权结构和控制链，实现现金流权和控制权的分离，利用集团内部资本市场这个合法的运作平台，在集团内母子公司间进行大量的非公允性关联交易、违规担保和资金占用，从而使集团公司的治理水平大幅度降低。

3.1.2 我国证券市场的制度特征

作为中国资本市场主体的股票市场，自1990年成立以来，中国股市已成倍增长，实现了跨越式发展，成为世界上最大的股票市场之一，截至2021年底，A股上市公司共有4685家，京沪深三市市值突破90万亿元，居全球第二位。中国股票市场已经发展成为金融体系的重要组成部分，在筹集社会资金、优化资源配置和完善公司治理等方面发挥着越来越重要的作用。但是，我国资本市场发展历程短暂，迄今只有三十多年的历史，与成熟市场相比，上市公司总体质量水平不高、市场化程度较低、监管水平和法规建设还比较落后，具有新兴市场所共有的特性，存在许多不成熟之处和诸多问题。

我国证券市场从1990年的建立到1994年后的快速发展，再到1998年12月29日颁布《证券法》后的法治时代和规范发展阶段，历经五次修改变化，但只有2005年10月和2019年12月对《证券法》的修订涉及到证券发行规定的修改，为了证券市场的健康发展，颁布和设计了许多制度政策。在诸多制度安排中，股票发审制度、资产剥离的非完整改制方式、股权分置三项基本的制度安排，共同决定了我国绝大多数上市公司处于大股东控制下的公司集团内部资本市场环境之中，并使公司集团内部资本市场呈现出明显的中国特色。

3.1.2.1 股票发审制度

证券发行审核制度是股票发行上市的制度安排。目前在世界范围内，存在三种基本的发行审核制度：注册制、核准制和审批制。注册制是成熟市场的制度安排。在注册制下，股票的发行取决于股票市场的供求、企业的能力和投资者的偏好，政府只是"裁判员"和"服务员"，而非决定因素。我国股票发行体制最初采用的是更为严格的审批制，逐步过渡到核准制、注册制。在审批制和核准制下，对企业发行上市，有指标、额度和财务指标等实质性条件的要求。从审批制、核准制再到注册制，中国证券市场改革从指标管理走向"市场化发行"。

（1）股票发行的额度控制。

从1992年年底至1995年，额度制采取的是"计划管理，额度控制"的政策，发行股份数量额度由国务院证券委和国家计委确定下发，然后由省级政府或行业主管部门来选择和确定可以发行股票的企业，而中国证监会掌握发行股票和上市的最终审批权。但是此时没有对发行股票的企业数量进行限制，因此，在额度管理模式下，地方政府及相关主管部门将有限的股票发行额度尽量分配给更多的企业，导致出现了上市公司规模小和质量差的情况。为了弥补这一缺陷，1996年开始采用"总量控制，限报家数"的政策，首先由国务院证券主管部门确定发行上市的企业家数，并将指标数下达到省级政府和行业主管部门，然后由省级政府或行业主管部门推荐拟上市企业，最后由证券主管部门对符合条件的企业进行审核并决定是否发行上市。这一时期，证监会特别优先考虑国家确定的重点企业和全国现代企业制度试点的企业集团。在此制度背景下，由于发行家数受到限制，地方政府和各部委往往选择大规模的企业上市，"捆绑上市"成为这一时期的主要特征，一些不相关的企业被撮合在一起上市，实际上"限制家数"的制度受到挑战。1998年12月颁布的《证券法》规定，自1997年7月1日对股票发行实行核准制，政府原则上不再下达规模计划指标。2001年采用"通道制"进行正式实施，采用主承销商推荐、发行审核委员会独立表决和证监会核准的办法。通道制市场化迈进了一大步。2004年2月，"保荐制"取代了"通道制"。保荐机构和保荐人负责上市推荐和辅导，要持续督导发行人规范运作、建立严格的信息披露制度。保荐制度是深化发行审核制度改革的重大举措，推动了我国证券发行制度从核准制向注册制的转变。2005年修订后的《证券法》明确规定证券公开发行实行核准制度，核准制取消了指标和额度管理。按照全面推行注册制的基本定位，2020年3月1日实施的新《证券法》对证券发行制度作出系统修订，为全面推行注册制打开了制度之门。

总而言之，在全面实施注册制以前，我国上市公司能否发行股票以及发行多少并非自主行为，股票发行制度主要采用行政和计划手段，具有浓厚的行政色彩，一些地方将推荐发行上市作为国企解困的手段，包装现象严重，导致股票发行市场出现地方割据垄断，为了实现地方政府的财政、税收和就业等方面的目标，甚至出现地方政府参与企业作弊的现象，正如张维迎和栗树和（1998）[126]指出，由于按行政隶属关系征税，地方政府有动机推动本地区企业上市融资，导致资源配置发生扭曲，市场机制"失灵"并造成不良的市场秩序。

（2）股票发行的财务指标要求。

在我国采用的行政审批和额度控制相结合的发行审核制度下，企业要获得发行上市资格，除了有指标、额度之外，还必须满足财务指标等实质性要求，包括最低的盈利要求和公司规模等指标。如1993年颁布的《股票发行与交易管理暂行条例》规定，申请公开发行股票应当满足：发行前一年末，净资产在总资产中所占比例不低于30%，无形资产在净资产中所占比例不高于20%；近三年连续盈利等。1994年施行的《公司法》规定，发行新股必需条件：公司在最近三年内连续盈利，并可向股东支付股利；公司预期利润率可达同期银行存款利率；公司股本总额不少于人民币五千万元；最近三年连续盈利等。1999年实施的《证券法》也有类似的规定。2006年施行的《首次公开发行股票并上市管理办法》规定：最近3个会计年度净利润均为正数且累计超过人民币3000万元；最近3个会计年度经营活动产生的现金流量净额累计超过人民币5000万元；或者最近3个会计年度营业收入累计超过人民币3亿元；发行前股本总额不少于人民币3000万元。为了取得上市资格，企业有很强的动机通过各种方式"包装"企业以达到盈利指标等上市条件。同时，盈利指标对发行价格影响极大，盈利的提高会大大提高募集资金的数量，有可能通过内部资本市场进行盈余管理与过度财务包装等问题（李东平，2005）[127]。新《证券法》将首次公开发行新股应当"具有持续盈利能力"的要求，改为"具有持续经营能力"，同时取消公司公开发行债券的净资产规模要求以及"累计债券余额不超过公司净资产40%"的要求限制等内容，大幅度简化公司债券的发行条件，另外，强化了注册制下证券发行的信息披露要求。

3.1.2.2 资产剥离的非完整改制方式

如前所述，股票市场建立初期，政府将股票市场作为国有企业改革和筹资的手段，因此，倾向选择国有企业特别是大型国有企业集团上市，是我国上市公司发行制度的一个重要特征。同时，由于股票发行的额度限制和股票发行上市制度对上市企业盈利有较为严格的要求，为了达到上市目标，国有企业集团选择"资产剥离"①的改制形式进行资产重组，即对原企业的资产、业务流程、市场和人员进行重新配置和组合，使其改组为符合现代企业制度要求的股份制企业。通常的做法是，剥离非经营性资产，保留盈利能力强的资产和业务设立股份公司上市。"授权投资机构"（又称"存续企业"）集中了不适宜剥离到拟上市公司的资产、债务、人员、产品

---

① 改制有三种形式：分拆上市、整体上市和捆绑上市。

和业务等,成为上市公司的母公司。为了保持国家的"控制权",国有股权在上市公司股权结构中必须占据控股地位。这种控股股权通常由国有独资的母公司行使。

由于以上发审制度和资产重组的背景,加之1996年证监会优先考虑企业集团改组上市,我国上市公司普遍附属于企业集团。上市公司与集团母公司和集团其他成员之间有着密切的业务和产权关系,集团控制成为上市公司大股东控制的普遍形式[1]。

在此背景下,剥离上市增强了国有企业主营业务的盈利能力。同时,吸引了一大批优质资产进入证券市场,促进了证券市场初期的平稳发展。但这种非完整改制也引起了诸多问题。由于新设立的股份公司与母公司(控股大股东)之间在资产、财务、人员和业务等方面存在千丝万缕的联系,原有产业链被人为地割裂,母公司与上市公司(新设立的股份公司)之间必须通过大量的关联交易和内部资本交易来维持各自正常的生产经营和资本配置活动。同时,由于大量盈利性差、非经营性资产保留在母公司中,致使母公司负担沉重,自身盈利能力差。为了解决就业问题、直接控制有战略意义的产业以及满足各种私利的要求,在股份公司上市后,控股母公司不得不通过关联交易、资金占用等方式从上市公司攫取资金以维持生存(邓建平,2007)[128],把上市公司作为"提款机"或"造血机",掏空上市公司成为必然趋势,特别是控制权和现金流权分离时,这种愿望更趋强烈[55]。

3.1.2.3 股权分置及其改革

为了保护公有制经济的主体地位和实现为国企改革服务的目标,我国证券市场对上市公司的股权安排进行了特别的规定,其中最重要的是股权分置。股权分置是指按照股权的流动性,把证券市场上市公司的股份分为流通股和非流通股。流通股(A股、B股和H股)是社会公众购买的公开发行股票,可以在证券交易所挂牌交易,而非流通股是上市公司公开发行前股东所持股份(国有股、发起人法人股、募集法人股和内部职工股),只能通过协议方式进行转让。截至2009年12月31日,沪、深交易所上市的 A 股股票 1718 只，发行总股本 2.06 万亿股，流通股本为 1.42 万亿股，非流通股本 0.64 亿股，非流通股本占总股本的 31.07%[①]。

股权分置是世界上独一无二的具有中国特色的股权制度安排，保证国家对上市公司的绝对控股权，同时缓解了中国刚刚建立的股票市场流通的市场压力。但是这一制度也导致了流通股与非流通股东之间严重的利益冲突，给上市公司带来了很多治理问题。一方面，处于主导和控制地位的发起人股、国家股和法人股等非流通股不能在二级市场上流通，只能通过场外交易（如股权转让和兼并收购等资产重组）实现有限的流通，其协议转让价格通常以公司每股净资产为基础确定，大股东所持股权的市场价值与公司股票的在二级市场的价格关系不大。这样，从制度层面剥夺了非流通股东通过二级市场买卖股票的权利，导致股票市场供求失衡，公司价值最大化与市场价值最大化长期相背离。另一方面，大量非流通股的存在使小股东"用手投票"的治理功能形同虚设，而且这种制度性的市场分割阻碍了控制权接管和收购的发生，从而削弱了小股东"用脚投票"的治理功能，大股东（内部人）的行为无法得到市场的有效约束。

一些学者对股权分置与股东之间利益冲突问题进行实证研究。赵涛等（2005）[129]发现，股权分置导致了上市公司过度融资。李康等（2003）[130]研究发现，无论是否参与配股或增发，非流通股东都能获得每股净资产的增加。唐跃军、谢仍明（2006）[131]的证研究结果表明，由于我国上市公司"同股同权不同价"，出于获得超额报酬率的激励，控股股东有强烈动机通过派发现金股利的方式侵占中小股东的利益。甚至在公司经营业绩不佳的情形下，将再融资所得现金作为红利分配，来满足控股股东对私利的追求。

2005 年 4 月开始的股权分置改革解决了我国资本市场上内生性和基础性的缺陷，在一定程度上缓解了上市公司非流通股东与流通股东的利益冲突，但没有从根本上解决我国上市公司中"一股独大"的问题，仍难以根本改变大股东控制的局面，股改后大股东的侵害行为依然存在，只是侵占

---

① 数据来源：中国证券监督管理委员会编：《中国证券期货统计年鉴（2010）》。

形式有所变化，手段更加隐秘。

总之，在非流通股和流通股利益不一致的情况下，基于控制权私利的驱使，大股东往往有动机利用其对公司的控制权，通过关联交易等方式在集团成员企业之间进行大量的资本配置，以获得控制性资源，"掏空"上市公司。

3.2 我国公司集团内部资本市场资本配置的现状

外部资本市场不发达是新兴市场经济的典型特征。由于外部资本市场的不完善，必然增加企业获取资本的成本。在此背景下，通过集团内部网络进行资本配置成为促进经济发展的重要途径（Khanna and Palepu，1997）[6]。企业集团可以利用集团内部稳定的网络关系进行交易，缓解外部资本"市场失灵"引起交易成本提高的压力。伴随着异常活跃的兼并重组热潮以及大量"系族企业"的涌现，形成了比较典型的具有中国特色的公司集团内部资本市场。

3.2.1 公司集团的大股东控制特征

公司控制权是公司治理理论的核心问题，而股权结构在很大程度上是公司控制权配置的决定因素，Johnson 和 La Pota 等（2000）[40]指出，当一个国家的投资者权益保护制度不能有效发挥作用时，公司所有权结构就显得尤为重要。我国的公司集团有着不同于西方国家联合大企业的独特而又复杂的股权结构，具体而言，我国公司集团的股权结构和控制权具有如下典型的特征。

3.2.1.1 股权结构特征

在市场化改革的初期，国有企业是我国的主体经济组织，早期的上市公司绝大多数是由原有的国有企业改制而来，因此大部分上市公司附属于企业集团①之中。对于上市公司的股权安排具有多种分类方式。按所有制形式,分为国有股和非国有股;按照股权性质,分为法人股和非法人股;而按照流通性,可以分为流通股和非流通股。

(1) 上市公司股权流动性特征。

从表3.1可见,我国上市公司非流通股逐年呈下降趋势,相反,流通股呈上升趋势,非流通股由2003年的64.60%下降到2010年的23.82%,流通股则由2003年的35.40%上升到2010年的76.18%。特别是随着股权分置改革的完成,非流通股和流通股发生急剧变化,非流通股由2008年的55.85%下降到2009年的30.73%,进而到2010年的23.82%。在非流通股中,国有股占的比例最大,即使是2010年国有股占非流通股的比例仍为75.99%。

(2) 上市公司第一大股东的持股特征。

从表3.2可见,各年第一大股东持股比例的均值都超过了36%,超过了30%的相对控股的经验比例,而第二至第五大股东持股比例之和只有16%左右。总体而言,我国上市公司大股东制衡度比较低,股权结构高度集中,表现出"一股独大"的特征。目前中国上市公司的股本结构仍然是国家主导型的。而且大部分上市公司附属于企业集团之中,集团公司为上市公司大股东的比重最大。从我国的发展现实看,可以肯定地说,在相当长的时间里,我国上市公司的股权结构不可能达到如Berle和Means(1932)[47]所描述的英、美模式下高度分散的股权结构模式。

表3.1　　　　　　　　上市公司股权流动性

年度	非流通股(%)		流通股(%)	
	国有股(%)	其他(%)	非流通股合计(%)	流通股合计(%)
2003	49.41	15.19	64.60	35.40
2004	47.97	15.89	63.86	36.14
2005	46.05	15.69	61.74	38.26
2006	53.48	9.15	62.63	37.37

---

① 这些企业集团大部分为国家控股的混合所有制企业。

续表

年度	非流通股（%）		流通股（%）	
	国有股（%）	其他（%）	非流通股合计（%）	流通股合计（%）
2007	55.51	7.33	62.84	37.16
2008	49.46	6.39	55.85	44.15
2009	25.46	5.27	30.73	69.27
2010	18.10	5.72	23.82	76.18

注：表中数据为沪深A股和中小板块每年年末数。
数据来源：国泰安数据库。

表3.2　　　　　　　　　　上市公司的股权结构

年度	第一大股东持股比例	第二大股东持股比例	第二至第五大股东持股比例	前五大股东的赫芬指数
2003	42.56	9.25	16.07	0.231
2004	41.80	9.76	17.07	0.225
2005	40.35	9.82	17.13	0.211
2006	36.38	9.19	16.53	0.175
2007	36.02	8.98	16.28	0.172
2008	36.23	8.79	15.81	0.173
2009	36.61	8.60	15.53	0.177
2010	36.86	8.85	16.22	0.180

注：表中数据为沪深A股和中小板块每年年末数。
数据来源：国泰安数据库。

在上述基础上，笔者进一步采用2010年底中国1919家上市公司（包括沪深A股和中小板块）为研究样本，对上市公司第一大股东持股比例以及前五大股东持股比例总和的区间分布情况进行进一步的分析，结果如表3.3和图3.1、表3.4和图3.2所示。截至2010年底，中国上市公司前五大股东持股比例之和在50%以上的公司数量占公司总数的56.23%，其中，第一大股东处于绝对控股地位的上市公司比例达22.51%，这说明中国上市公司的股权结构"一股独大"式的股权高度集中特征，它有别于英美式的股权分散模式，也不同于德日式的交叉持股的股权集中模式。

表 3.3　　　　上市公司第一大股东持股比例分布情况一览　（截至 2010 年 12 月）

持股比例（%）	0~10	10~25	25~50	50~75	75~100
公司数（家）	38	502	947	406	26
公司家数占比（%）	1.98	26.16	49.35	21.16	1.35

数据来源：根据 CSMAR 的股东数据库计算整理。

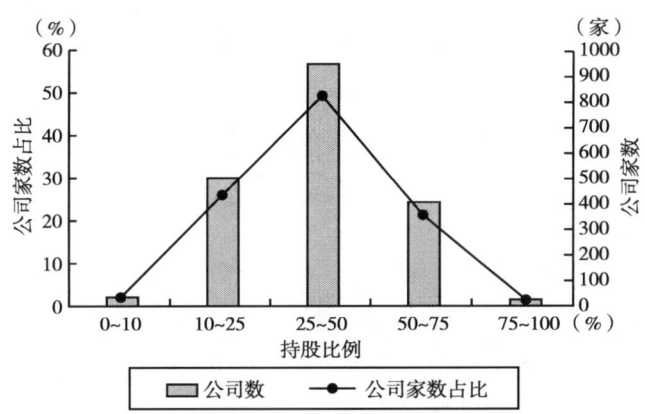

图 3.1　上市公司第一大股东持股比例分布情况

表 3.4　　　　上市公司前五大股东持股比例分布情况一览　（截至 2010 年 12 月）

持股比例（%）	0~10	10~25	25~50	50~75	75~100
公司数（家）	2	85	753	863	216
公司家数占比（%）	0.10	4.43	39.24	44.97	11.26

数据来源：根据 CSMAR 的股东数据库计算整理。

3.2.1.2　控制权配置特征

（1）大股东超强控制。

从表 3.1、表 3.2、表 3.3 和表 3.4、图 3.1 和图 3.2 综合看出，我国上市公司非流通股股东中的国有股东占据着绝对控股的地位，掌握着控制权。由于第一大股东持股比例均值达到 36% 以上，而第二至第五大股东持股比例之和只有 16% 左右，因此，股权制衡我国上市公司很难发挥作用。独特的股权结构决定了我国上市公司第一大股东超强的控制权，第一大股

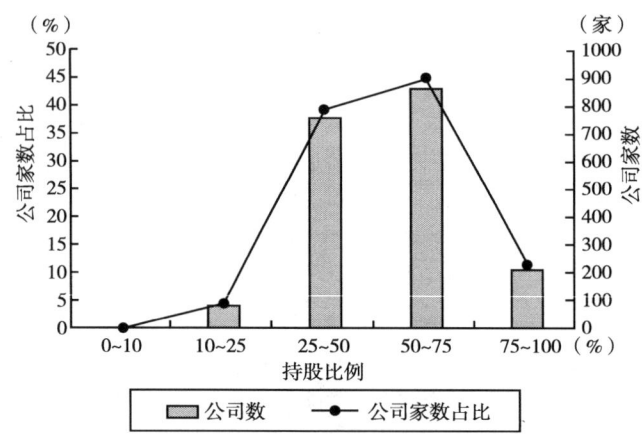

图 3.2 上市公司前五大股东持股比例总和分布情况

东凭借其在股东大会上拥有的重大决策权掌控公司的经营方向,同时,依靠其在选举董事上拥有绝对的控制权控制董事会,掌控公司的战略决策和日常运营。因此,我国上市公司控制权配置具有向大股东高度集中的特征,上市公司处于大股东的超强控制之中。

(2)"内部人[①]控制"现象严重。

"内部人控制"是指由于企业外部成员(股东、债权人)监督不力,企业内部成员(经理人)掌握了企业实际的控制权。从理论上分析,在分散的股权结构条件下,中小投资者在实施监督时倾向"搭便车",公司管理层拥有对公司的实际控制权,从而引发内部人控制,造成对整个股东群体利益的侵害。在股权集中的情况下,由于大股东有很强的动力和能力监督公司管理层,因此,"内部人控制"很难形成,但从我国的实践上看,在股权高度集中的上市公司中"内部人控制"现象仍然非常严重。王韬和李梅(2004)[132]选取的 766 家上市公司为样本进行研究,结果表明我国上市公司的"内部人控制"现象相当严重,平均内部人控制程度达到 68.05%。

青木昌彦(1995)[52]指出,内部人控制是体制转轨过程中所固有的一

---

① 内部人的概念随着公司内部控制权结构的变化而有所差异。在股权分散的现代企业中,内部人主要指经理。在转轨经济中,内部人主要指企业的管理者和职工。随着世界范围内的股权集中趋势和大股东参与公司治理的普遍性,大股东掌握了公司的实际控制权,由此大股东也被逐渐列入内部人的范畴(La-Porta and Lopez et al., 1999)。

种潜在可能。我国上市公司绝大多数是由国有企业改制而成,在这种情况下,经理人被赋予了控制权,从而形成内部人控制的状况。而且在我国上市公司特有的股权安排和治理结构下,大股东代表与上市公司内部人身份高度重合,上市公司的董事会成员和其他高级管理人员在股东单位相互兼职的现象非常突出,客观上使上市公司的董事具有了双重任职和双重身份,成为拥有实际控制权的内部人。从表3.5可以看出,董事会规模平均为9.65人,在第一大股东任职的董事平均2.63人,董事长在第一大股东任职比例平均66%,总经理在第一大股东任职比例18%。表3.5的数据有证实了这种内部控制人现象。

(3) 终极控制特征明显。

从表3.6可知,我国上市公司现金流权平均33.53%,控制权平均39.27%,分别高于它们相应的中值,而现金流权与控制权比例的均值达到1.45。这说明我国上市公司现金流权与控制权分离程度很大。刘芍佳、孙霈和刘乃全(2003)[133]应用终极产权论对中国上市公司的控股主体重新进行分类,结果发现,中国上市公司实际上由政府控制,政府控制的比例达到84%,而非政府控制的上市公司比例仅为16%。王化成等(2007)[134]认为,按照终极控制权的传导机制,终极控制人才是实际掌握我国上市公司财务政策的真正主体。综上所述,我国上市公司表现出明显的终极控制特征。

表3.5　我国上市公司第一大股东对董事会和总经理的控制情况统计

年度	2000	2001	2002	2003	2004	2005	平均
董事会人数	9.36	9.46	9.88	9.83	9.73	9.57	9.65
其中：在第一大股东任职的董事	2.86	2.85	2.67	2.53	2.49	2.47	2.63
董事长在第一大股东任职比例（%）	62	66	65	67	67	68	66
总经理在第一大股东任职比例（%）	16	17	17	18	20	21	18

数据来源：郑国坚．企业集团内部资本市场：效率与"掏空"——基于我国上市公司的实证研究[M]．北京：经济科学出版社,2008．

表 3.6　　　　　中国上市公司现金流权和控制权分离情况

变量	现金流权（%）	控制权（%）	控制权/现金流权
均值	33.53	39.27	1.45
中值	31.18	38.21	1
标准差	18.17	16.70	1.41
最大值	99.32	99.32	45.32
最小值	0.36	3.50	1.00
样本数	1828	1828	1828

数据来源：作者根据国泰安数据库整理。数据截止日期为 2010 年 12 月 31 日。

3.2.2　我国企业集团内部资本市场类型及其结构特征

3.2.2.1　我国企业集团内部资本市场的金字塔结构及其功能

（1）金字塔结构特征。

内部资本市场最早存在于"M"型企业之中。"M"型组织结构即事业部制，其特点是单一法人，因此"M"型企业内部资本运作存在于企业事业部之间。我国国有上市公司脱胎于传统的计划经济体制，自改革开放以来，国有企业改革从扩大企业自主权、调动企业生产经营积极性，到转换企业经营机制、建立现代企业制度，经历了放权让利、两权分离、承包经营、租赁经营、经济责任制、"利改税"以及股份制改造多个发展阶段。国有企业的改制路径决定了国有上市公司和母公司存在"天然"的千丝万缕的联系。而民营企业通过买壳上市，形成了"事实性"的公司集团或者系族集团。因此，在我国，内部资本市场不仅存在于传统的"M"型企业和纯粹的企业集团之中，而且更多地存在于"事实性"的公司集团之中，控股股东通过各种方式在上市成员企业之间、上市成员企业和非上市成员企业之间进行大量的内部资本配置。

在我国，公司集团普遍采用"金字塔"式的股权结构。内部资本市场具有层次性，不仅在总部层面存在内部资本市场，而且在子公司层面也存在不同程度的内部资本市场。而且不同层次的内部资本市场存在不同的运作主体。内部资本市场的层次和运作主体,直接影响到内部资本市场功能的发挥和内部资本市场运作的主要目的。

深交所胡经生在2007年的一份内部研究报告统计指出,2007年深沪证券市场共有各类"系"123个,涉及上市公司367家,占同期深沪上市公司总数的27%。实际控制人与上市公司之间至少有一个中间层级,一般为两到三个层级,少数"系"的中间控制层级达4层(胡经生,2007)[135]。本书依据层次和主体的不同,界定我国公司集团内部资本市场的外延与边界,如图3.3所有示,内部资本市场存在于四个层面:第一层是公司集团终极控制人与子公司之间的内部资本市场,它是整个公司集团的核心,控制着整个公司集团的运作。第二层是由终极控股股东绝对控制的非上市成员企业,这一层次的非上市企业成员众多,彼此之间关系错综复杂,由于非上市企业信息不对外披露,因此,这一层次内部资本市场运作具有很强的隐秘性。第三层是终极控制人控制的上市公司与非上市成员企业,上市公司往往由第二层的非上市企业及终极控制人联合控制,由于上市公司是连接外部资本市场的重要窗口,第三层的内部资本市场成为公司集团内部资本运作的主要平台。第四层是上市公司与其子公司之间的内部资本市场。无论是企业集团母公司与子公司之间的内部资本市场、集团内子公司与其他关联企业之间的内部资本市场,还是上市公司与其子公司的内部资本市场,都围绕上市公司进行资本配置活动。

这种具有层次性特征的"金字塔"股权结构存在三个显著特征:①存在一个实际控制人在内部资本市场中居于支配者的地位。在实际控制人的主导下,与外部资本市场通过资金交换配置(如图3.3右半部分所有示),在各个成员之间进行资金配置。②终极控制人在公司集团内各个成员中的利益关系不一致。越是处于"金字塔"下层的公司,终极控制人的现金流权和控制权分离程度越大,这也意味着终极控制人在上层企业中的股权更大,有动机从下层企业转移资源到上层企业中。③公司集团复杂的层级结构为终极控制人借口集团战略需要,运用内部资本市场的各种隐秘的渠道进行利益输送提供了方便。

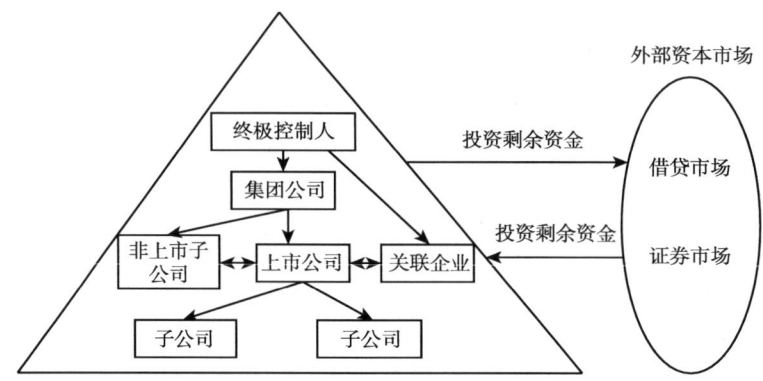

图 3.3 "金字塔"式的公司集团股权结构与外部资本市场

（2）公司集团内部资本配置的功能。

公司集团内部资本配置的功能取决于主体的利益导向。不同的主体导致不同的内部资本配置结果。不同层面的内部资本市场有不同的运作主体，运作主体的不同，内部资本配置范畴、运作方式和目的都会不同。例如，如果内部资本运作的主体为终极控股股东，由于所有权和现金流权的高度分离，内部资本市场可能会沦为终极控股股东进行利益输送的场所；以企业集团作为主体的内部资本市场，内部资本运作的主要目的是通过提升配置效率以提高整个企业集团整体的价值，是基于整个公司战略层面的财务战略；上市公司内部的资本配置可能就会以上市公司的利益为导向。

3.2.2.2 公司集团内部资本市场的类型及其特征

为了更好地理解我国公司集团内部资本配置的行为特征，本书依据公司集团内部控制权的配置方式以及终极股东的性质和类型，将我国公司集团内部资本市场分为业务纽带型、股权纽带型和混合纽带型内部资本市场三大类，以及国有内部人控制业务纽带型、民营控股股东控制业务纽带型、国有内部人控制股权纽带型、民营终极股东控制股权纽带型、国有内部人控制混合纽带型、民营终极股东控制混合纽带型内部资本市场六个细类（见图 3.4）。并在分类的基础上，对不同类型的特征进行比较（见表 3.7）。

第 3 章 公司集团内部资本市场形成的制度背景及现状

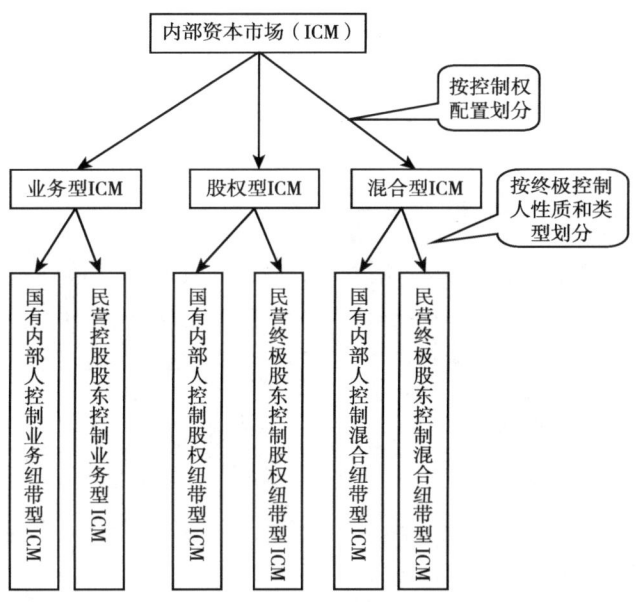

图 3.4 内部资本市场分类树图

表 3.7 内部资本市场类型特征

		业务纽带型 ICM		股权纽带型 ICM		混合纽带型 ICM	
		国有内部人控制业务纽带型 ICM	民营控股股东控制业务纽带型 ICM	国有内部人控制股权纽带型 ICM	民营终极股东控制股权纽带型 ICM	国有内部人控制混合纽带型 ICM	民营终极股东控制混合纽带型 ICM
结构特征	组织结构	M 型	M 型	H 型	H 型	复杂型结构	复杂型结构
	金字塔程度	低	低	较高	较高	高	高
	终极控制人	经理人	控股股东	经理人	终极股东	内部人	终极股东
	现金流权和控制权分离程度	低	低	较高	较高	高	高
	股权集中度	高	高	较高	较高	低	低
资本配置方式	主要资本配置机制	权威	权威	市场	市场	市场和权威	市场和权威
风险水平	杠杆水平	低	低	较高	较高	高	高
	风险程度	低	低	较高	较高	高	高
代理成本	代理类型	经理人自利和寻租	股东与经理人	大小股东和经理人自利	大、小股东	内部人控制	大、小股东

3.2.3 公司集团内部资本配置运作特征

3.2.3.1 多元化经营现象普遍

20世纪80年代至90年代初，国有企业依靠外部融资的政策优势和内部资金的积累，通过横向并购、纵向并购和混合并购，以及跨行业投资等方式进入与主业不相关的行业。系族企业集团横跨多个行业成为普遍现象，例如，复星系横跨IT、零售、钢铁、房地产、汽车和医药等产业；华润系涉足医药、房地产、电力、燃气、水泥、金融和消费品等行业。其中华润医药又涉及中药、化学制药、医疗设备、保健品和医药流通五大行业。

多元化经营是企业的一种经营战略，可以借助企业集团的内部资本市场，进行资本融通和合理配置，在一定程度上减少对外部市场的依赖，从而提高企业的抗风险能力。然而，由于外部资本市场欠发达，公司治理内、外机制仍不完善，投资者保护的法律制度薄弱，中国公司集团内部资本市场功能远未正常发挥，甚至常常异化为大股东利益输送的场所。上市公司常常被沦为"融资窗口"，在大股东控制下，盲目进行多元化投资。一方面，由于信息不对称和代理问题，公司总部不能对投资机会做出正确判断，往往做出错误投资；另一方面，由于外部资本市场不完善，外部市场的投资机会不能被企业总部及时识别，当企业内部存在充足自由现金流量时，只能把资金配置给企业内部投资机会比较差的企业，从而造成无效配置。

3.2.3.2 内部资金融通频繁

内部资金融通是指公司集团内部多个项目间，或者成员企业之间利用现金流互补性来调节融资需求和资本配置。这些资金互补行为形成了内部资本市场。基于我国国有企业改革的历史原因和特殊的制度背景，我国上市公司天然地处于公司集团的内部资本市场环境之中，上市公司与母公司之间、上市公司与集团内其他成员企业之间存在大量的关联交易。CCER上市公司关联交易数据库表明，中国上市公司关联交易普遍存在，而且，关联方与存在控制关系的关联方的关联交易占较大比重，说明我国上市公司大股东普遍存在凭借控制权在集团内部广泛地进行关联交易。因此，关联交易本质上可以看作内部资本市场运作的主要手段和方式，关联交易的频率和金额可以在一定程度上反映出企业集团内部资本市场运作的情况。

CCER上市公司关联交易数据库表明，关联交易的诸多类型中，关联贸易、担保和借贷所占比例最大。有基于此，本书对大股东[①]和上市公司之间的关联交易，以及上市公司与关联方之间的资金占用进行统计分析，以此来反映我国公司集团内部资金融通现象（见表3.8、表3.9和图3.5）。

由表3.8可以看出，大股东与上市公司之间普遍存在关联交易。95.99%的上市公司与其大股东存在关联交易，关联交易总额达到平均16.1723亿元，关联交易发生额占总资产的比重达到22.82%。其中，关联贸易、关联担保和关联借贷合计为14.6111亿元，占关联交易的90.35%，组成关联交易的主要部分。关联贸易和关联担保非常普遍，分别有70.19%和50%的上市公司与大股东发生关联贸易和关联担保。而关联借贷相对要少，发生关联借贷的上市公司家数占总家数的比重为25.86%，这与我国证监会对关联借贷的严格管理有关。

从表3.9和图3.5可以看出，大股东对上市公司的资金净占用在2001年达到2.94%，而在2003年、2004年证监会集中清理欠款问题后，2006年资金占用降低到了0.37%。随着监管的正规化，特别是随着"股权分置"改革的完成，非流通股东与流通股东之间的利益分置将逐步消除，大股东对上市公司资金占用、违规担保的现象呈现减少的趋势，大股东对上市公司将表现出更多支持的行为（2007年后资金净占款率为负数）。

---

① 包括大股东控制的企业和终极控制人（即大股东背后的大股东）。

表3.8　　　大股东与上市公司之间的关联交易统计（2010年）

关联交易主要类别	关联交易发生额	关联交易发生额占总资产比重	发生关联交易家数	发生关联交易家数占总家数比重
关联贸易	743.92	0.0877	1189	0.7019
关联担保	420.99	0.0895	847	0.500
关联借贷	296.20	0.0297	438	0.2586
关联交易总额	1617.23	0.2282	1626	0.9599

注：表中数据均为均值；关联交易比重是关联贸易发生额与期末总资产的比值；关联交易金额单位为百万元。

数据来源：根据CCER上市公司关联交易数据库数据计算整理。

表3.9　　　上市公司与关联方资金占用占总资产的比重　　　单位:%

年度	2001	2002	2003	2004	2005	2006	2007	2008	2009	2010
其他应收款	7.30	7.21	6.67	7.25	6.23	6.17	3.17	2.82	2.17	1.89
其他应付款	4.36	4.44	4.47	4.83	5.36	5.80	5.14	5.89	5.37	4.63
净占款	2.94	2.77	2.20	2.43	0.87	0.37	-1.97	-3.07	-3.20	-2.74

注：为沪深A股和中小板块每年年末数。

数据来源：笔者根据国泰安数据库计算整理。

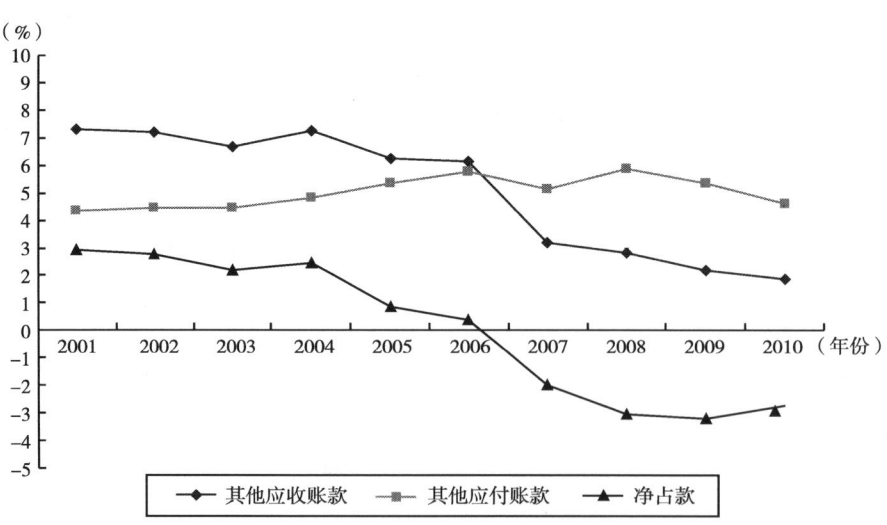

图3.5　上市公司与关联方资金占用比重

3.2.3.3 第一大股东与关联交易金额高度相关

如表3.10所示,关联交易用年度关联交易实际发生金额(简称关联交易金额,为关联交易的绝对数)和年度关联交易发生额占期末总资产的比重(简称关联交易比重,为关联交易的相对数)表示。可以发现,关联交易金额平均达到7.4392亿元,关联交易比重平均达到22.82%,说明我国关联交易相当普遍,即大股东利用内部资本市场进行资本配置行为活动相当频繁,而且这两个指标随着第一大股东持股比例增加而增加,关联交易金额由第一大股东持股比例低于20%时的0.9938亿元,增加到大股东持股达到绝对控股的50%以上时的1.5亿元以上,特别是当第一大股东持股比例在70%以上时,关联交易金额平均达到3.53873亿元,是第一大股东持股比例低于20%时的35倍。关联交易比重由第一大股东持股比例低于20%时的10.2%,增加到大股东持股达到绝对控股的50%以上时的26%以上。

进一步按第一大股东持股比例将上市公司划分为(0,25%)(有影响),[25%,50%)(相对控股),和[50%,100%)(绝对控股)三组①。采用多独立样本的Kruskal – Wallis检验关联交易发生金额和比重在第一大股东持股比例区间之间是否存在显著的差异,统计检验结果见表3.11。从表3.11可以看出,第一大股东绝对控股的上市公司关联交易发生的金额和比重都处于最高,第一大股东相对控股的上市公司居于第二位,而第一大股东控股比例低于25%的公司最低。三区间的关联交易金额存在显著差异,各样本平均秩分别为625.61、747.89、943.73,卡方统计量为98.795,相伴概率小于0.001,显著性水平达到1%。三区间的关联交易比重同样存在显著差异,各样本平均秩分别为657.97、771.48、853.91,卡方统计量为37.971,相伴概率小于0.001,显著性水平达到1%。因此,控股股东持股比例越高,上市公司发生的关联交易金额越大、比重越高,内部资本市场运作就越频繁。

---

① 30%一般为相对控股的分组区间,本书选择25%作为分组值,是因为一些大股东为了规避要约收购义务,有意将持股比例安排在25%~30%,但其仍可以达到相对控股。

表 3.10　　　　　　第一大股东持股比例与关联交易　　　　　　单位:%

样本	全部	(0, 20)	[20, 30)	[30, 40)	[40, 50)	[50, 60)	[60, 70)	[70, 100)
关联交易金额	743.92	99.38	275.82	428.27	515.95	1568.33	2578.79	3538.73
关联交易比重	0.2282	0.1498	0.2211	0.2253	0.2423	0.2668	0.2909	0.2917

注：表中数据均为均值；关联交易比重是关联贸易发生额与期末总资产的比值；关联交易金额单位为百万元。

数据来源：根据 CCER 上市公司关联交易数据库数据计算整理。

表 3.11　　　　　　第一大股东持股区间与关联交易　　　　　　单位:%

	第一大股东持股比例				T 值	P
	全部	(0, 25)	[25, 50)	[50, 100)		
关联交易金额	1615.11	720.17	1092.83	3812.13	98.795	<0.001
关联交易比重	0.2279	0.1854	0.2284	0.2756	37.971	<0.001
样本	1520	399	774	347		

注：表中数据均为均值；关联交易比重是关联贸易发生额与期末总资产的比值；关联交易金额单位为百万元。

数据来源：根据 CCER 上市公司关联交易数据库数据计算整理。

3.2.4　公司集团内部资本配置的组织模式

公司集团内部资金的融通和配置，主要借助总部（实际控制人）的权威协调来完成。从我国的实践来看，集团内部资金融通和配置主要有结算中心、内部银行和财务公司三种组织模式。具体采用哪种组织模式，与公司集团发展的阶段、规模、公司治理完善程度和集团管理水平有关。当前，我国企业集团财务公司的迅猛发展，逐步成为内部资本市场重要的资金融通中介，发挥着越来越重要的作用。为了更好地了解和区别这三种主要的组织模式，笔者对它们的特征、功能和缺陷列表说明（见表 3.12）。

表 3.12　　　　公司集团内部资本配置的组织模式比较

组织模式类型	特　征	功　能	缺　陷
结算中心	1. 集团总部的职能部门；2. 行政和业务上受集团领导；3. 内部结算业务；4. 业务范围局限于集团公司内部成员单位	1. 结算功能；2. 对筹资和投资实施管理和监督功能；3. 信贷功能	1. 缺乏对外投、融资和中介功能；2. 若管理不善，会造成成员单位债权债务不清
内部银行	1. 集团总部的职能部门；2. 行政和业务上受集团领导；3. 内部融资和结算业务；4. 业务范围局限于集团公司内部	1. 调控集团资金，加速资金运转，避免相互拖欠；2. 监督资金管理	1. 筹资手段薄弱，不能发行债券，不能拆借资金；2. 资金管理方面存在局限性，其合法性遭质疑
财务公司	1. 支持企业集团的发展而专门设立的非银行性的金融机构，具有独立法人资格；2. 行政上受集团领导，业务上属于中国人民银行领导；3. 银行业务和证券投资业务的"混业经营"；4. 服务于成员企业之间	1. 金融服务功能；2. 资本配置和控制功能；3. 投资和筹资功能；4. 内部结算功能；5. 中介顾问功能	1. 融资渠道狭窄，融资手段单一；2. 资金结构存在矛盾；3. 金融封闭运作

本章小结

本章对大股东控制下的公司集团内部资本市场形成的有关制度背景和现状作了介绍和讨论，为后面理论模型的构建和实证研究作了铺垫。

就制度背景而言，主要表现为两个方面：第一，广泛存在的企业集团（包括事实性的公司集团）形成了我国公司集团内部资本市场的组织基础。分析表明，政府干预和市场发展两种力量对企业集团的形成发挥了重要作用。但是由于我国目前仍然处于转型经济和新兴市场环境中，政府的干预起着决定性的作用。第二，旨在推动国有企业改革的我国证券市场形成和发展的制度安排（股票发审制度、资产剥离的非完整改制方式、股权分置以及增资配股的盈利水平要求和退市政策）导致的大股东控制特征，构成了公司集团内部资本市场形成的控制权基础。大股东控制特征具体表现为：股权高度集中、大股东一股独大、集团公司控制、政府控制、内部人控制、控制权和现金流高度分离的终极控制。

就我国公司集团内部资本市场资本配置现状而言，本章首先从公司集团大股东的股权特征和控制权特征进行了描述性统计和提炼。分析表明，中国上市公司的股权结构表现出"一股独大"式的股权高度集中特征，而控制权结构表现出大股东的超强控制和内部人控制并存的现象，同时表现出控制权和现金流高度分离的终极控制特征。然后，对我国公司集团内部资本市场的类型进行了划分，笔者以控制权的配置方式以及终极股东的性质和类型，将内部资本市场模式分为业务纽带型内部资本市场、股权纽带型内部资本市场和混合纽带型内部资本市场三个大类，以及国有内部人控制业务纽带型内部资本市场、民营控股股东控制业务纽带型内部资本市场、国有内部人控制股权纽带型内部资本市场、民营终极股东控制股权纽带型内部资本市场、国有内部人控制混合纽带型内部资本市场、民营终极股东控制混合纽带型内部资本市场六个细类，并对其特征进行阐释。同时，对公司集团内部资本配置运作特征进行了系统研究，统计分析表明，我国公司集团内部资本市场多元化经营现象普遍，内部资金融通频繁。并且，大股东持股比例越高，上市公司发生的关联交易金额和比重就越大，内部资本市场运作越频繁。最后，对我国公司集团内部资本配置的组织模式及其可能异化的风险进行了归纳和总结。

总而言之，政府干预，国企改革和证券市场的制度安排，使我国上市公司处于大股东控制下的内部资本市场环境之中。广泛存在的公司集团形成了我国公司集团内部资本市场的组织基础，而股权高度集中特征、大股东的超强控制、内部人控制、控制权和现金流高度分离的终极控制等大股东控制现象构成了控制权基础。从而，使我国公司集团内部资本市场表现出多元化经营现象普遍、内部资金融通频繁和第一大股东与关联交易金额高度相关的特征。

从全书结构安排上看，本章的研究使后续研究建立在现实基础之上。

第4章 大、小股东代理冲突下的内部资本配置行为机理

通过第2章文献综述和第3章制度背景分析可知，在我国渐进式改革的进程中，由于股票发行的额度限制和审批制中对盈利的要求，国企多以"剥离上市"的改制方式进入资本市场，形成了我国上市公司特殊的股权和控制权结构，即绝大多数上市公司通常处于国有大股东（通常是大型企业集团）控制之下，大股东通过"金字塔"结构和交叉持股的方式，致使现金流权和控制权分离，从而以较小的现金流权实质上掌握了上市公司的控制权。由于非完整改制模式人为地割断了企业产业链和价值链，致使大股东及其控制的其他企业与上市公司进行关联交易成为必然，形成了大股东控制下的公司集团内部资本市场，进行大量的内部资本配置活动。在内部资本市场资本配置时，一方面，大股东在控制权私利的驱使下，有动机和能力侵占上市公司的资金，实施有利于增加自身的财务决策行为，即"掏空"行为；另一方面，大股东在上市公司面临财务危机或者再融资时，为了保牌或者是达标，又表现出"支持"行为。现有文献研究表明，由于我国转型期的法律体系和监管力度的薄弱，在我国公司集团内部资本配置中，更多地表现为"掏空"行为。随着股权分置改革的完成和公司治理机制的逐步完善，"掏空"行为有逐步向支持行为转化的趋势。

本章首先对大股东控制下的公司集团内部资本配置行为理论做初步的分析，然后建立库恩—塔克（Kuhn-Tucker）优化模型，在"股东—中小股东"框架下，研究母子公司型企业集团成员企业之间的内部资本配置行为动机、行为机理和特征。

本章与第5章从不同角度构成内部资本配置行为理论，并与第7章的内部资本配置行为监管理论，共同构成本书的理论框架。本章的研究为第

6 章的实证研究和第 8 章的对策研究奠定坚实的理论基础。

4.1 文献回顾

一方面，股权相对集中和大股东控制是现代股份制企业的典型特征，Berle 和 Means 以英、美等国家的股权分散公司为基础提出的传统的公司治理理论很难解释我国企业的财务行为，现代公司治理与财务理论强调大股东的行为及其作用，公司的主要代理问题已不是股东与管理者之间的利益冲突，大小股东之间的代理问题成为矛盾的主要方面。大股东倾向于利用高于股权比例的控制权，通过资本配置获取控制性资源，获取不为中小股东所共享的控制权私利[48,136]。另一方面，在新兴市场经济体中，企业集团目前已成为主流的企业组织[116]，这些企业集团被普遍置于终极控制权的治理结构之中[54]。而与此相伴随的是内部资本市场被企业集团广泛应用。因此，目前大多数企业特别是上市公司都处于大股东控制下的企业集团内部资本市场环境之中。母子公司之间、集团内成员企业之间形成大量的资本转移和交易。

那么，大股东（实际控制人）控制下的集团内部资本配置的动机、行为与独立企业相比，有何异同？集团内部资本配置的经济后果如何？是被沦为大股东攫取控制权私利的平台，抑或是增加集团的整体价值？什么是大股东控制下的内部资本配置影响因素呢？大股东控制下的内部资本市场是否存在，有效性及其演化机理如何？

一些研究认为，集团总部（或者控股母公司）主导下的内部资本配置可以实现大量的协作剩余，能够缓解分部（或者成员企业）的融资约束，从而提升企业价值[137,15]。而另一些研究则显示，内部资本市场带来了成员企业之间大量的摩擦和冲突，大股东可以方便地通过控制性资源投资、关联交易、资金占用等手段进行利益转移（Khanna，2000[138]；刘星和豆中强，2010)[139]，容易诱发过度投资（郝颖、刘星和伍良华，2007)[140]，以及存在很强的负外部性[96]。La Porta[49]等认为由于企业集团的控制方式和股权结构的复杂性，集团内部资本投资的监管难度更大，因此控制性股东尤其喜欢采用企业集团的组织形式，通过内部资本市场攫取控制权私有收益，表现为"掏空"行为。Stein（2003）[32]则认为，内部资本市场在资本配置效率上，既有明亮的一面（Bright Side），亦存在黑暗的一面（Dark Side）。刘星等（2010）[141]认为国有企业集团内部资本市场的资本配置功效表现出一定的两面性，而民营企业集团的内部资本市场已在某种程度上异化为利益输送的渠道。

总体来看，现有研究大多为实证研究，围绕内部资本配置是否有效进行争论，强调股东和管理者的代理冲突，在内部资本交易中忽视了子公司中小股东的作用，对内部资本交易的过程及其引起的利益冲突和协调问题，缺少系统性的理论分析。此外，国内研究大多借鉴或者直接引用国外的理论模型或实证研究方法，缺乏基于我国公司集团现实股权结构背景的理论建模和实证分析，使得对大股东控制下的内部资本市场的研究结论还很不一致，认识依然模糊，对内部资本市场内部资本配置行为的存在性和有效性，及其影响因素和演化机理缺乏系统的理论论证。事实上，集团内部资本的相互融通不仅涉及资源的分配和效率问题，也涉及成员企业之间的利益冲突和公平问题，这些资本协作既不同于独立企业中各部门之间的资本交易，也不同于外部资本市场中独立企业之间的自由竞争行为。内部资本交易往往是多个主体博弈的结果，受制于集团内部管理机制、内部价格机制、公司治理机制的完善程度和成员企业的利益取向问题。

有基于此，针对现有理论研究不足，本章首先结合我国制度背景，对大股东控制下的公司集团内部资本配置行为理论（内部资本配置行为的动机、类型和主要方式）进行深入的分析，在此基础上，考虑到企业集团内部资本配置的特性，采用系统优化的分析思路，以母子公司为例建立一个内部资本交易的优化模型，对内部资本配置的存在性和有效性及其演化进行理论演绎。通过对大股东控制下内部资本交易的均衡过程和结果分析，来探讨以下三个问题：一是多方参与的博弈过程可能会形成哪些均衡结果；二是不同交易结果对各种参与主体所带来的福利影响如何；三是均衡结果受哪些因素的影响。以此深入分析内部资本市场中的资本交易过程来揭示集团成员企业利益冲突的根源、内部资本交易的动机、博弈结果的多重性及其对参与各方福利的影响，以及影响内部资本交易的因素，使人们对内部资本交易中的集团治理和利益冲突的协调问题有着一个系统性的认识。

4.2 大股东控制下的内部资本配置行为动机及类型

迈克尔·A. 希特等（2003）[142]认为多元化集团公司通过内部资本配置实现财务经济性，可以实现公司战略目标，从而降低事业部的风险。可见，有效的内部资本配置通过节约交易成本，来帮助实现公司集团战略目标。从理论上说，公司集团内部资本配置活动正是基于公司层面的战略目标，是由集团总部利用其层级制权威来组织实施，强制性地集中和分配内部财务资源的活动。但是实际上，公司集团内部资本配置的功能目标往往取决于相关主体的利益导向和行为动机。加上公司集团组织结构和股权结构的复杂性、多主体性和主体身份重合性、成员企业的法人性以及我国特殊的制度背景，我国公司集团内部资本配置表现出明显的行为特征，从而呈现出一个"动机复杂、多功能和多目标"的大股东控制下的内部资本市场。

4.2.1 大股东控制下的内部资本配置行为动机

委托代理理论（Principal – agent Theory）表明，在委托代理的关系当中，由于委托人与代理人的目标效用函数不一样，必然导致两者的利益冲突。在缺乏有效制度安排的情况下，代理人的行为很可能最终损害委托人的利益。大股东控制和股权集中的出现，在一定程度上缓解了企业股东和管理者之间的代理成本，但可能引起大、小股东之间利益冲突的"第二类代理问题"。大股东目标效用函数包括按其持有股份获取的剩余索取权和凭借其控制权获得的控制权收益，而小股东却只能按持有股权比例的多少获得相应的剩余收益和从二级市场中获得资本利得。由于两者的目标函数不一致，但又有共同的利益基础，一方面，大股东有动机为了实现自己的目标而侵害中小股东的利益；另一方面，大股东由于持有公司较多的股份，有充分的动机参与公司治理，提高公司价值，从而间接支持中小股东。

（1）获取控制权私有收益。

Dyck 和 Zingales（2004）[74]从控股股东与中小股东代理冲突的角度，将控股股东排他性占有而且其他中小股东所无法分享的收益定义为控制权私利。值得注意的是，控制权带来的除了收益外，也会涉及控制权成本或损失，包括控制权成本和利益侵占成本。因此，控制权私利也可能是负的。而且控制权私利的存在有可能是有效率的，控制权私利有可能有利于公司价值的创造。由于控制权私利的存在可能会产生价值创造型的并购行为，因此，控制权私利也可能给全社会带来利益（Grossman and Hart，1980）[143]。

（2）获取共享收益。

通过获取控制权，大股东可以获得控制权共有收益（Shared Benefits of Control）和控制权私有收益（Private Benefits of Control）。控制权共有收益是大股东通过加强公司监督管理所创造的公司价值，包括公司股票的资本利得和股利所得，为全部股东按其持股比例共同享有（Grossman and Hart，1988）[60]。

作为重要的公司治理机制，股权结构对股东的行为具有重要影响。当所有权分散时，任何小股东都没有足够的动力对经理人进行监督，"搭便车"行为导致公司经理的内部人控制。因此，股权集中或大股东的存在可在一定程度上缓解"搭便车"行为，有利于公司的经营激励，削弱控股股东获取控制权私人收益的动机。控股股东的持股权比例越高，控股股东利用内部资本市场实施的"掏空"行为就会越少。终岩和王化成（2007）[144]认为当控股股东持股比例较低时，控股股东更倾向于通过关联交易（企业内部资本配置的主要形式）获得控制权私有收益，当控股股东持股比例较高时，控股股东通过关联交易追求控制权共享收益。

（3）缓解融资约束与相互保险。

一方面，由于我国金融市场制度环境不完善，企业面临严重的融资约束；另一方面，由于我国特殊的融资体制，相对非上市公司而言，上市公司通常具有融资优势,因此,上市公司常常成为公司集团的融资窗口。为了在集团内部进行资本配置和资金融通,公司集团实际控制人通常会利用其自身的行政权威与上市公司从事非市场化的资本交易行为。例如,当上市公司面临退市风险需要保牌或者申请配股资格时,企业集团就有强烈动机对上市公司进行利益输送。一旦上市公司融到足够资金,企业集团也可能通过一种非公允的方式进行内部资本市场运作,对上市公司进行利益输出(Jian and Wong,2010[145])。

另外,我国绝大多数的上市公司脱胎于国有企业,原国有企业仍直接或间接控制上市公司。由于上市公司上市前通常隶属于原企业的一个产业链,上市后仍然与原企业保持密切的业务往来,继续保持与原企业和其控制的企业组成的企业集团之间,进行包括商品、劳务和担保与借贷等在内的关系型交易。Fisman 和 Wang(2010)[146]对我国上市公司关联交易与公司价值的实证分析提供了"掏空"行为和节约市场交易成本行为这两种情形可能同时存在的经验证据,上市公司和最终控制人之间有通过关联交易进行相互保险的动机,他们认为,很可能已有研究所观察到的侵占行为只是上市公司和最终控制人相互保险关系中的一部分。

(4)公共治理。

正如 Djankov 等(2003)[147]所指出,政府干预是转型经济体的普遍特征,而且在国家所有制的经济体中,政府通过对国有产权的控制与行使,可以更为直接地干预企业资本配置。作为世界转型经济体中最大的国家,中国自 1978 年以来的市场化改革主要沿着分权化的方向进行,经过 1994 年税收体制改革后,很多公共服务(养老金、社会福利、就业与社会稳定问题以及国有资产保值增值)都由地方政府负担,这直接驱动并强化了政府干预辖区企业投资活动的政治与经济动机[148]。基于经济目标、社会目标[149]、政绩目标[150]的综合权衡,政府将利用产权控制人的法定地位,干预或指令公司集团的内部资本配置行为。

4.2.2 内部资本配置行为类型

从上述分析可知,公司集团内部资本市场表现出复杂多样的动机,结合公司集团复杂的组织结构和控制结构，在我国特殊的制度背景下，我国公司集团内部资本配置行为表现出特殊的类型，笔者归纳为以下五种类型。

(1) 控制权优势型内部资本配置行为。

控制权优势型内部资本配置行为是指大股东主要凭借其控制权优势而实施的内部资本配置行为。此时大股东通过直接行使控制权来达到自身利益最大化的目的。这是内部资本配置行为最主要的一种类型。

凭借控制权的掌控，大股东掌握了上市公司的投融资决策权。在内部资本配置中，大股东通过对控制权的行使而"强行"通过某些决策，来获得控制权私有收益。例如，在我国资本市场上，大股东操纵下的上市公司低股利分配行为。资金被留在企业内部，往往被大股东占有、挪用甚至侵吞，或者投资于大股东有利而对公司无利的项目。

(2) 信息优势型内部资本配置行为。

信息优势型内部资本配置行为是指大股东凭借其拥有的信息优势而实施的内部资本配置行为。在内部资本配置活动中，相对外部投资者（中小股东和债权人），大股东作为企业的内部人和内部资本配置活动的主导者，拥有十分明显的信息优势。由于受到企业内部约束和法律的监管，在某些情况下大股东不能通过投票方式正常行使控制权时，大股东常常凭借其对信息的占有来实施某些内部资本配置行为。例如，按照法律规定，大股东必须回避大股东和上市公司之间关联交易的投票过程，这意味着大股东不能利用控制权直接操纵在关联交易的决策。然而，由于大股东掌握了"内幕信息"，可以通过各种途径扭曲和传播虚假或者错误信息，诱使外部投资者（中小股东）作出对其有利的决策。

(3) 相互保险型内部资本配置行为。

既然大多文献研究表明，终极控制人有较高的可能侵占上市公司的利益，那么中小投资者仍然愿意留在公司集团内呢？Khanna 和 Yafeh (2007)[117]的研究认为，大股东（终极控制人）给成员企业提供相互保险，从而降低成员企业破产的可能性。Faccio (2006)[151]以政治关联类上市公司为研究样本，发现终极控制人为上市公司提供核心资产或者政治资源。Fisman 和 Wang (2010)[146]发现，我国终极控制人和上市公司之间通过关联交易进行相互保险。

从实践上看，我国大多数上市公司形成于国有企业改制过程中，国有企业优质资产剥离上市，而盈利性较差的资产则保留在原国有企业中或者其控制的其他关联公司（Deng et al.，2010）[152]，因此上市公司与母公司（大股东）之间存在千丝万缕的联系。大股东常常通过购销性的关联贸易，采取操纵转移价格的手段来实现大股东和上市公司之间利益的双向流动。大股东可能为了实现上市公司的融资目的，通过关联交易悄无声息地将利益输送到上市公司。当一旦度过危险期，再通过关联交易将更多的利益输送到自己手中，实现相互保险的目的。在债权性筹资中，通过关联担保和关联借贷等方式实现互保而筹措更多的资金。

（4）制度诱发型内部资本配置行为。

从产生的机理看，上述三种内部资本配置行为主要出于集团内部大股东的动因。与之相对，还有一类内部资本配置行为，更多的是由于外部制度的不完善从而诱发产生的。本书将此类内部资本配置称为制度诱发型内部资本配置行为。

（5）公共治理推动型内部资本配置行为。

按推动主体（主要指政府）角色的不同，公共治理推动型内部资本配置行为包括两种情况：政府及相关机构直接作为上市公司大股东，行使股东的角色，直接影响公司集团内部的资本配置行为；政府作为地方公共治理的主体，行使公共治理的角色，间接影响公司集团内部的资本配置行为。孙铮等（2005）[153]从融资决策、潘红波等（2008）[154]从企业并购等方面研究了政府干预对企业行为的影响。朱红军等（2005）[155]通过案例研究发现，第一百货吸收合并华联商厦并没有实现合并的协同效应，而是将中小股东的财富转移到了大股东手中。

4.3 大股东控制下内部资本配置的主要行为方式

在内部资本市场中，集团总部根据成员企业（包括全资子公司、控股子公司或可施加重大影响的联营企业）的资金需求，凭借其控制权而获得的层级权威进行内部的资本配置，从而产生了各种资源配置的业务和事项。Triantis（2004）[109]将内部资本市场上资源配置业务和事项分为五种类型：①现金在不同项目之间相互融通；②出售项目资产所得收入，用于另一个项目投资；③以项目资产作抵押，为其他项目进行融资；④不同项目共同分担支出；⑤不同项目之间以内部价格进行产品和服务的往来。这样的分类相对于我国企业集团内部资本配置的实施行为来看还不够全面，行为表达还不够直接明了。魏明海和万良勇（2006）[58]根据三九企业集团内部资本市场运作方式，将内部资本市场上资源配置业务和事项归纳为九种类型：①集团内部的借贷；②集团内属于资本配置行为的产品或服务往来；③集团内资产、股权转让；④集团内担保；⑤集团内委托租赁存款；⑥集团内委托投资、增资；⑦集团内票据贴现融资；⑧集团内部的资产租赁；⑨代垫款项。这九种业务事项都可以算是关联交易。滕晓梅（2011）[156]把内部资本配置活动归结为：①企业集团内部借贷；②内部资产租赁和托管；③内部资产合并与分立；④内部产品交易和服务①；⑤对子公司的控制；⑥内部交易价格。

  为了更好地理解大股东控制下的内部资本配置行为特征，本书对内部资本市场配置方式的表现形式、功能及其可能异化的风险进行归类汇总。如表4.1所示，根据是否直接与生产经营有关，内部资本配置方式分为非经营性资本配置和经营性资本配置两种方式。其中，经营性资本配置主要表现为关联贸易，这种关联贸易在成员企业之间形成应收应付账款，从而形成资金占用，或者通过非公允的转移定价方式在成员企业之间实现资产转移。非经营性资本配置主要表现为成员企业之间的关联股权交易、资产买卖与重置、关联借贷和关联担保。内部资本配置的主要功能是节约交易成本，具体到每种资本配置表现形式，其功能由于各自的侧重点和特征。而且在大股东私利动机的驱使下，各种资本配置可能存在各种异化的风险。

---

① 企业集团内部成员企业之间正常的产品购销行为属于关联交易，但不属于内部资本配置活动。判断是否属于基于内部资本配置的产品交易主要看是否产生长期大额的应收债权。

旨在提升公司集团成员企业和整个集团价值的内部资本配置可能成为大股东获取私利、侵占中股东的利益的工具和手段，其具体风险详见表4.1。

表4.1　内部资本市场配置方式的表现形式、功能及其可能异化的风险

内部资本市场配置方式种类	表现形式	功　能	可能异化的风险
非经营性资本配置	（1）关联股权交易	获得关联股权交易后的协同效应、实现集团战略目标、资源整合、增强控制等	构建虚假的"资产重组"，将上市公司利润或者资产转移给大股东
	（2）资产①买卖及重置	优化公司的资源配置、改善经营绩效、盈利能力和可持续发展能力	通过优质资产的注入和不良资产剥离进行盈余管理；或者掠夺上市公司的财务资源；虚假性重组
	（3）关联借贷	成员企业间合理和有偿借贷，可以节省交易成本	控股股东通过直接借款或拖欠账款等方式来实现对上市公司资金无偿占有，造成上市公司账面上的对大股东的"应收账款"和"其他应收款"
	（4）关联担保	获得外部资金，扩大债务融资，降低债务融资成本；减少交易成本	上市公司要对关联债务负连带责任，容易陷入财务困境及诉讼纠纷
经营性资本配置	关联贸易②	减少营运资金的占用，降低交易成本，提高企业的运营效率	控股股东转移定价的方式转移上市公司的资源；利益分配在成员企业之间的失衡

注：①此处所指资产主要是涉及公司发展的除股权以外的重要资产，主要表现是价值较大，如固定资产、无线资产等。
②只有发生了应收应付账款，形成资金占用的关联贸易才可能是内部资本配置方式。

4.4　理论模型的构建及分析

4.4.1　模型的假设

我国大部分上市公司处于公司集团构建的内部资本市场环境之中，集团内部的资本配置除了受各产出效率的影响外，还受终极控制人、成员企

业和公司治理情况的影响。集团经济中错综复杂的股权结构和治理因素往往导致投融资的扭曲,终极控制人利用自己所拥有的控制权,通过"隧道"挖掘,使一些终极控制人持有股份较少、现金流权和控制权的分离度比较大和公司治理不完善的成员企业成为的"融资窗口"和"掏空"对象,在内部资本配置方面处于弱势和不利位置,而另一些终极控制人持有股份较多、现金流权和控制权的分离度比较小的成员企业成为"资金净流入者",在内部资本配置方面处于强势和有利位置,成为终极控制人利益的代表。在此背景下,成员企业的投融资计划成为整个集团的投融资战略中的一部分,因此,一些成员企业可能要融入超出自身需要的资金,而另外一些成员企业却要从集团内其他成员企业那里融入资金。但是由于成员企业的股东结构不同,内部资本交易必然伴随着成员企业之间的利益转移行为,由此导致了内部资本市场中的交易动机和交易结果相当复杂。

考虑到在现实经济中母子公司型企业集团的广泛存在性和上市公司被终极控制人"掏空"的普遍现实,本书将选取由一个上市公司、一个非上市公司和母公司组成的母子公司型企业集团作为研究对象。本书假设母公司在上市公司 R 中的股份为 α_1,在非上市公司 P 中的股份为 α_2,且 $1 > \alpha_2 > \alpha_1$(且假设 α_1 和 α_2 均达到了控股要求)[①]。在现实中,可以将此理解为非上市公司 P 是母公司的嫡系公司,是更加核心的企业,而终极控制人通过构建"金字塔"结构,实际控制这个由母子公司组成的企业集团。

从第 3 章的分析可知,集团内部资本市场的运作具有多种渠道,如关联交易、转移定价、资金借贷、回拨调用、贷款担保和资产重组等。但在众多途径中,通过关联交易是集团内部资本配置的主要途径,而且也是大股东通过内部资本市场运作"掏空"上市公司的主要途径[21,81,139]。因此,本书直接通过关联交易的转移定价,来分析大股东控制下的内部资本转移行为。如图 4.1 所示,假设在母公司的主导下,期初通过某种内部交易形

---

① 之所以假设 $\alpha_2 > \alpha_1$,是因为终极股东常常构建持股比例较大的嫡系企业,和上市公司进行资本交易,从而达到转移资本的目的。

式将上市公司 R 的资本 I 转移给非上市公司 P[①]，以期使整个集团获得一个更高的收益。然后将此收益重新在成员企业之间进行分配，此时 R 将获得一个相应的收益分配，作为其资本转移代价的补偿。母公司、子公司 P 和子公司 R 对此资本转移（交易）进行利弊权衡，并决定自己的行动策略。在此模型中主要考虑三个主体：控股母公司、子公司 R 的中小股东，子公司 P 的中小股东[②]。鉴于这里假设子公司 P 是母公司的利益倾向者，本书认为子公司 P 的行为和母公司一致，所以我们主要考虑控股母公司和上市子公司 R 在此资本配置中的行为。控股母公司主要从事两项事务：一是出于自身利益最大化目标（获取控制权私有收益和股权收益），确定从子公司 R 转移资本 I 的额度；二是应对子公司 R 中小股东的"制衡行为"，保证资本转移的顺利进行。子公司 R 的中小股东则要对控股母公司的行动采取应对措施，即是否继续保持合作、是否进行制衡行动，以及投入多大的努力程度。

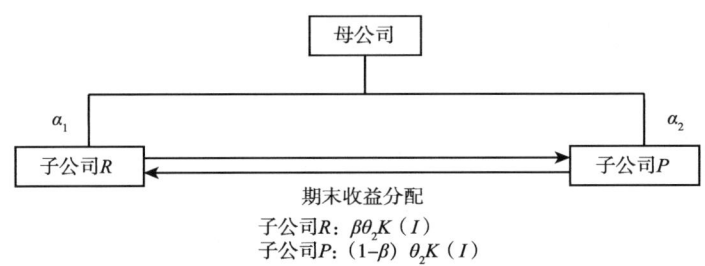

图 4.1　内部资本转移示意图

本部分建立两期决策模型，分析集团内部资本市场中内部资本转移行为。与以往的研究不同，本书从直接分析内部交易入手，结合公司治理机制，在母子公司利益冲突和协调的背景下，确定最优资本转移量和影响因素。其基本思路为：第一期，母公司主导集团内部的资本转移。以提高关

[①] 母公司从上市公司转移资源，自身也会遭受损失，但是只要转移上市公司资源所获得的好处大于因现金流量权的存在而遭受到的损失，就有动机转移上市公司的资源来侵占剥削小股东利益。

[②] 为了方便分析，在这里本书将子公司中的所有中小股东看作一个利益整体，控股母公司是子公司的大股东，因此本模型反映了大、小股东利益冲突下的内部资本配置行为。

联交易价格①（假设子公司 P 卖原材料给子公司 R）的形式，将子公司 R 的资本 I 转移给子公司 P，母公司在和子公司 R 讨价还价的基础上，进行最优资本转移决策；第二期，转移的资本 I 在子公司 P 中继续投资，并获得回报 $\theta_2 K(I)$，母公司和子公司 R 按事先约定对投资收益进行分配，各方收益实现。

模型的其他基本设置如下：

（1）不考虑贴现问题，即贴现率为 0。

（2）鉴于我国缺乏有效的经理人市场，经理人通常由大股东委派，或者大股东亲自参与上市公司的经营管理。因此假设母公司管理者和大股东的利益目标一致②。

（3）产出效率假设。公司 R 和 P 的产出函数分别为 $\theta_1 K(I)$ 和 $\theta_2 K(I)$，其中 θ_1 和 θ_2 分别是公司 R 和 P 的产出效率系数，系数越大，说明该公司的产出效率越高，这里假设 $\theta_2 > \theta_1$，即从公司 R 向 P 转移资本可以提高资本配置效率③。$K(I)$ 为投资产出函数，$K(I)$ 是一个递增的凹函数，$K'(I) > 0, K''(I) < 0$，即随着资本 I 的增加，产出会随之增加，但增加速度会逐渐减少，因此，存在一个最优转移 I^*，使集团产出最大化。

（4）利益冲突成本假设。利益冲突成本为各方参与主体在交易时为了争取更有利交易条件而所付出的成本。假设子公司 R 的成本为 $C(I)$，母公司的成本为 $C_m(I)$。$C'(I) > 0$，即子公司面对自身资源转出时可能会采取反对行为，且随着转移资金的增加，子公司的反对强度越大，愿意付出更多的成本来维护自己的利益。母公司为了协调这种利益冲突时需要付出的代价 $C_m(I) = \lambda C(I)$，其中 λ 是母公司对子公司 R 的控制成本系数，母公司控制力越大，λ 越小，母公司的控制成本 $C_m(I)$ 越小，母公司实现自己意志的可能性越大，因此，λ 表反映内部资本配置中权威调节机制。

---

① 企业集团内部成员企业之间内部资本配置活动中必然会产生资产价格、收益价格的确定。
② 假设大股东控制了股东大会，并掌握了董事会成员与经理人的任命权利，那么经营者成为大股东利益的代表。大股东（终极股东）与经营者的利益冲突将在第五章考虑。
③ 这里假设 $\theta_2 < \theta_1$，是因为：如果 $\theta_2 < \theta_1$，此种向低效益部门进行的资本转移是无效率的，是大股东赤裸裸的"掏空"行为，大股东只是为了获得"资本帮家"的收益，本书在本模型的情形 3 中讨论。

(5) 资本转移后投资收益的分配假设。资本 I 转移至企业 P 后进行投资，投资后所获收益的一部分作为企业 R 的补偿，假设企业 R 收益分配系数为 β，则企业 P 收益分配系数为 (1-β)。β 为资本交易的实际价格系数，β 越接近市场价值，说明内部资本市场资本配置中价格机制发挥作用越大，β 越偏离市场价值，资本配置越扭曲，因此，β 反映内部资本配置中价格调节机制。

4.4.2 模型的构建与分析

情形 1：无利益冲突的理想型资本交易。

假设母子公司之间不存在代理问题，它们资本决策的目标是集团利益最大化，通过集团利益最大化来实现自身利益的最大化。在实践中，该资本交易可能有以下几种情况：第一，母公司和子公司的利益关联度紧密，参与各方以集团利益最大化为决策目标时，更能够达到自身利益最大化。例如，两个子公司是母公司的全资子公司。第二，鉴于信息披露制度较为健全和监管制度较为严格，违约成本巨大，参与方预期到，如果采取机会主义行为将会得不偿失，此种情况会抑制参与方机会主义动机，采取合作的态度。第三，母公司采取绝对集权的管理体制，对子公司控制力极强，利益协调成本很小，几乎为零。

因此，此时母公司最优的资本决策应满足下列非线性规划：

$$\max_{I,\beta} \{(\alpha_2 - \alpha_1)I + \alpha_1 \beta \theta_2 K(I) + \alpha_2[(1-\beta)\theta_2 K(I) - I] - \alpha_1 \theta_1 K(I)\} \quad (4.1)$$

s. t.

$$(\alpha_2 - \alpha_1)I + \alpha_1 \beta \theta_2 K(I) + \alpha_2[(1-\beta)\theta_2 K(I) - I] - \alpha_1 \theta_1 K(I) \geq 0 \quad (4.2)$$

$$\beta \theta_2 K(I) - \theta_1 K(I) \geq 0 \quad (4.3)$$

式 (4.1) 表明，母公司在无冲突的背景下，会选择一个资本转移 I 和收益分配系数为 β，使其利益最大化。式 (4.1) 中第一项为：资本从子公司 R 转移到子公司 P 时,母公司对该项资源的所有权提高而获得的资产增加。第二、第三项之和为:资本在子公司 P 中投资后,母公司在两个子公司中获取的股权收益。第四项为:如果未进行资本交易时母公司在子公司 R 中可能获得的收益。式(4.2)的含义为母公司进行资本转移后获得的收益应该大于或者等于没有进行资本转移时的收益。式(4.3)的含义为子公司 R 进行资本转移后获得的收益应该大于或者等于没有进行资本转移时的收益。

作拉格朗日函数:

$$L(I,\beta,k_1,k_2) = (\alpha_2 - \alpha_1)I + \alpha_1\beta\theta_2 K(I) + \alpha_2[(1-\beta)\theta_2 K(I) - I] \\ - \alpha_1\theta_1 K(I) + k_1 g_1 + k_2 g_2 \tag{4.4}$$

其中,$g_1 = (\alpha_2 - \alpha_1)I + \alpha_1\beta\theta_2 K(I) + \alpha_2[(1-\beta)\theta_2 K(I) - I] - \alpha_1\theta_1 K(I)$;

$g_2 = \beta\theta_2 K(I) - \theta_1 K(I)$

由库恩—塔克条件有:

$\dfrac{\partial L}{\partial I} = (1 + k_1)[-\alpha_1 + \alpha_1\beta\theta_2 K'(I) + \alpha_2(1-\beta)\theta_2 K'(I) - \alpha_1\theta_1 K'(I)] + k_2[\beta\theta_2 K'(I) - \theta_1 K'(I)] \leq 0$;且 $I \geq 0$;$I\dfrac{\partial L}{\partial I} = 0$。

$\dfrac{\partial L}{\partial \beta} = (1 + k_1)[\alpha_1\theta_2 K(I) - \alpha_2\theta_2 K(I)] + k_2\theta_2 K(I) \leq 0$;且 $\beta \geq 0$;$\beta\dfrac{\partial L}{\partial \beta} = 0$。

$\dfrac{\partial L}{\partial k_1} = (\alpha_2 - \alpha_1)I + \alpha_1\beta\theta_2 K(I) + \alpha_2[(1-\beta)\theta_2 K(I) - I] - \alpha_1\theta_1 K(I) \geq 0$;且 $k_1 \geq 0$;$k_1\dfrac{\partial L}{\partial k_1} = 0$。

$\dfrac{\partial L}{\partial k_2} = \beta\theta_2 K(I) - \theta_1 K(I) \geq 0$;且 $k_2 \geq 0$;$k_2\dfrac{\partial L}{\partial k_2} = 0$。

由经济意义有 $I > 0$,$\beta > 0$,得出:$\dfrac{\partial L}{\partial I} = 0$,$\dfrac{\partial L}{\partial \beta} = 0$。

解得 $k_2 = (1 + k_1)(\alpha_2 - \alpha_1)$。

所以有：

$$K'(I^*) = \frac{\alpha_1}{\alpha_2(\theta_2 - \theta_1)} \tag{4.5}$$

从前面假设 $\alpha_2 - \alpha_1 > 0$，以及由经济意义有 $k_1 \geq 0$，$k_2 = (1 + k_1)(\alpha_2 - \alpha_1) > 0$ 得出：

$$\beta = \frac{\theta_1}{\theta_2} \tag{4.6}$$

式（4.5）的经济含义为，此时的资本转移量与股权结构比例和产出效率有关。式（4.6）表明，价格比例系数只与产出效率有关，但是此种情景下的资本交易中，子公司 R 获取的收益为 $\theta_1 K(I)$（不进行资本转移时子公司 R 可以获得的收益），也就是说，此次资本转移的最大收益者是大股东，子公司 R 的净收益为 0。

情形 2：附加冲突成本型资本交易。

假设控股母公司拥有的相对控制权，子公司中小股东也有一定的制衡能力。此时资本转移由控股母公司来决定，但需要花费协调成本，在以下的优化模型中表现为子公司 R 的成本 $C(I)$ 较大，以及母公司对子公司 R 的控制成本系数 λ 较大，进而母公司的成本 $C_m(I)$ 较大。在实践中，该类资本交易可能有以下几种情况：第一，子公司的影响力比较大，不服从母公司的资本配置不愿转出资本。第二，公司集团内部信息传导机制不健全，子公司较为容易通过隐藏或者扭曲信息来误导母公司决策。第三，母公司对子公司的管理缺位，不能很好地落实出资人权利，形成了"内部人控制"的现象。这几种情况主要出现在国有企业为母公司的实行相对分权管理体制的企业集团中，母公司对子公司的控制力较弱。

因此，此时母公司最优的资本决策应满足下列非线性规划：

$$\max_{I,\beta} \{(\alpha_2 - \alpha_1)I + \alpha_1\beta\theta_2 K(I) + \alpha_2[(1-\beta)\theta_2 K(I) - I] - \lambda C(I) - \alpha_1\theta_1 K(I)\} \tag{4.7}$$

s.t.

$$(\alpha_2 - \alpha_1)I + \alpha_1\beta\theta_2 K(I) + \alpha_2[(1-\beta)\theta_2 K(I) - I] - \lambda C(I) - \alpha_1\theta_1 K(I) > 0 \tag{4.8}$$

第4章 大、小股东代理冲突下的内部资本配置行为机理

$$\beta\theta_2 K(I) - \theta_1 K(I) - C(I) \geqslant 0 \tag{4.9}$$

式（4.7）、式（4.8）和式（4.9）的经济含义类同式（4.1）、式（4.2）和式（4.3），只是母公司增加了利益协调成本 $C_m(I) = \lambda C(I)$，子公司增加了利益协调成本 $C(I)$。

与情形1求解同理，由库恩—塔克条件求解上述非线性优化模型，解得：

$$K'(I_1^*) = \frac{\alpha_1 + (\lambda + \alpha_2 - \alpha_1)C'(I_1^*)}{\alpha_2(\theta_2 - \theta_1)} \tag{4.10}$$

$$\beta = \frac{\theta_1}{\theta_2} + \frac{C(I_1^*)}{\theta_2 K(I_1^*)} \tag{4.11}$$

式（4.10）的经济含义为，此种情景下的资本配置不仅与产出效率与股权结构有关，而且与控制权水平 λ 有关。由式（4.11）得，$\beta\theta_2 K(I) = \theta_1 K(I) + C(I)$，此种情景下的资本交易中子公司 R 获取的回报为 $\theta_1 K(I) + C(I)$。

情形3：控股母公司侵害型资本交易。

在情形2的基础上，假设控股母公司在进行资本决策时有强烈的侵占动机，企图通过侵害子公司利益来获取超额控制权私利[①]。在实践中，该资本转移可能有以下几种情况：第一，母公司有较强的控制力和侵占动机，而子公司的公司治理较差，致使母公司比较容易强制实施资本转移行为。第二，外部资本市场的法律规制和信用体制较差，母公司预期采取侵害行为的成本小于收益。第三，作为大股东的母公司是从整个集团的角度进行最优资源配置，但是没有对子公司的付出进行合理的补偿，这种资本交易行为实现了资本有效配置，但是损失了公平性。这几种情况主要集中在终极控制人为民营性质的系族企业集团之中，终极控制人通过"金字塔"结构造成现金流权和控制权相分离，把上市公司作为融资窗口，"掏空"上市公司。在实行绝对集权管理体制的国有企业集团中，地方政府也常常把上市公司作为实现其自身目标的工具，有时恶意侵占上市公司。

[①] 大股东因积极参与公司治理，作为补偿，获得适当的控制权私利是合理的。超额控制权私利是指大股东利用其控制权获得的超过合理补偿的收益。

此种情况下母公司常常采取两步"掏空"上市公司,首先从上市子公司中转移资本 I 至其持股比例更高的子公司,获取"资本搬家"收益,在资本继续投资获得回报后,又利用其控制权获取私人收益。针对这种较为普遍的现象,本书构建线性规划模型,并采取逆向求解的方法进行求解。

资本转移到子公司 P 后产出 $\theta_2 K(I)$,控股母公司选择最优侵占比例,来实现其目标利益,控股母公司最优侵占决策如下方程,参照 La Portal et al. (2002)[66]的建模方法。

$$\max_s F = [\alpha_2(1-S)\theta_2 K(I) + S\theta_2 K(I) - C\theta_2 K(I)] \quad (4.12)$$

应用 Johnson 等 (2000)[95] 及 La Portal 等 (2002)[66] 中侵占成本为:

$$C = \frac{k_2 S^2}{2} \quad (4.13)$$

其中,S 为侵占比例,k_2 公司治理对投资者的保护。

对式 (4.12) 的 S 一阶求导,得最优侵占比例:

$$S^* = \frac{1-\alpha_2}{k_2} \quad (4.14)$$

在此条件下,母公司依据式 (4.14) 选择最优的资本转移量:

$$\max_I \{(\alpha_2 - \alpha_1)I + \alpha_1 \beta \theta_2 K(I) + \alpha_2[(1-\beta-S)\theta_2 K(I) - I] + S\theta_2 K(I) - C\theta_2 K(I) - \lambda C(I) - \alpha_1 \theta_1 K(I)\} \quad (4.15)$$

对 I 一阶求导,得到:

$$K'(I_2^*) = \frac{\alpha_1 + \lambda C'(I_2^*)}{\theta_2[\alpha_1\beta + \alpha_2(1-\beta-S) + S - C] - \theta_1\alpha_1} \quad (4.16)$$

式 (4.16) 的经济含义为,侵害型内部资本市场的资本转移量与产出效率效率、收益分配比例、股权结构和控制权水平 λ 等有关。此种情景下的资本交易中子公司 R 和 P 均被沦为"掏空"对象,收益得不到保证。

4.4.3 模型结果讨论

(1) 不同情形下的最优资本转移量的比较。

推论 1:附加冲突成本的企业集团内部资本交易的资本转移量小于无

利益冲突时的最优转移量,即资本转移不足;侵害型内部资本市场的资金转移量大于无利益冲突时的最优转移量。即存在过度转移资本行为。

证明:由于 $C'(I_1^*) > 0$,$\lambda > 0$,$\alpha_2 - \alpha_1 > 0$,可知,$K'(I_1^*) > K'(I^*)$,又因为 $K''(I) < 0$,所以 $I_1^* < I^*$。

由于 $\lambda \to 0$(即母公司对子公司 R 控制权水平很高),所以 $\lambda C'(I_2^*) \to 0$。

又 $\beta \to 0$(即母公司无偿占用子公司 R 资金),

所以有 $K'(I_2^*) = \dfrac{\alpha_1 + \lambda C'(I_2^*)}{\theta_2[\alpha_1\beta + \alpha_2(1-\beta-S) + S - C] - \theta_1\alpha_1}$

$\approx \dfrac{\alpha_1}{\theta_2[\alpha_2(1-S) + S - C] - \theta_1\alpha_1}$。

又因为 $k_2 > 0$,由 $C = \dfrac{k_2 S^2}{2}$,$S = \dfrac{1-\alpha_2}{k_2}$,

所以有 $\theta_2[\alpha_2(1-S) + S - C] - \alpha_2 = \dfrac{(1-\alpha_2)(1-\alpha_2)}{2k_2} > 0$,

又因为 $\alpha_2 > \alpha_1$,即 $\theta_2[\alpha_2(1-S) + S - C] - \theta_1\alpha_1 > \theta_2\alpha_2 - \theta_1\alpha_2 > \alpha_2 \times (\theta_2 - \theta_1)$。

$K'(I_2^*) = \dfrac{\alpha_1 + \lambda C'(I_2^*)}{\theta_2[\alpha_1\beta + \alpha_2(1-\beta-S) + S - C] - \theta_1\alpha_1} < \dfrac{\alpha_1}{\alpha_2(\theta_2 - \theta_1)}$

$= K'(I^*)$。

又因为 $K''(I) < 0$,所以得出:$I_2^* > I^*$。

(2)资本转移的影响因素分析。

推论2:无利益冲突时的内部资本最优转移量与母公司在子公司中的股权比例有关,在资本转出企业的股份越大,最优转移量越小,在资本转入企业的股份越大,最优转移量越大;当母公司在资本转出企业的股份和转入企业的股份相等时,资本最优转移量仅与产出效率相关;在无利益冲突时的内部资本最优转移量与产出效率有关,当资本转入企业的产出效率越大时,最优转移量越大,当资本转出企业的产出效率越大时,最优转移量越小。

证明:①设 $\alpha_1 < \alpha_1'$,在其他参数不变的情况下,α_1' 对应的资本转移量

为 $I^{*'}$，由 $K'(I^*) = \dfrac{\alpha_1}{\alpha_2(\theta_2 - \theta_1)}$，$K''(I) < 0$，所以当 $\alpha_1 < \alpha_1'$ 时，有 $K'(I^*) < K'(I^{*'})$，进而有 $I^* < I^{*'}$。

同理可证 α_2 增大时的情况。

②当 $\alpha_1 = \alpha_2$ 时，$K'(I^*) = \dfrac{1}{\theta_2 - \theta_1}$，所以此时资本最优转移量仅与产出效率相关，与控股股东的股权无关，集团控股母公司真正按生产效率来配置资源。

③当 θ_2 增大时，由 $K'(I^*) = \dfrac{\alpha_1}{\alpha_2(\theta_2 - \theta_1)}$ 知，$K'(I^*)$ 减小，又由于 $K''(I) < 0$，故最优转移量增大。同理可证 θ_1 增大时的情况。

推论3：当股权差异越小、母公司的控制力越强（即母公司对子公司的控制成本系数 λ 越小）时，附加冲突成本型的最优资本转移量越接近无利益冲突时的最优转移量；附加冲突成本型的最优资本转移量与产出效率有关，当资本转入企业的产出效率越大时，最优转移量越大，当资本转出企业的产出效率越大时，最优转移量越小。

证明：①因为当 $\alpha_2 - \alpha_1 \to 0$（趋近于0）$\lambda \to 0$ 时，$(\lambda + \alpha_2 - \alpha_1)C'(I_1^*) \to 0$，所以 $K'(I_1^*) - K'(I^*) \to 0$，进而 $I_1^* - I^* \to 0$。

②与推论2第③步证明类同，此处省略。

推论4：控股母公司侵害型的最优资本转移量与侵占成本和侵占比例相关。侵占成本越大，最优资本转移量越小，越接近无利益冲突时的最优转移量；侵占比例越大，最优资本转移量越大，越远离无利益冲突时的最优转移量（结论显见，证明过程省略）。

（3）资本交易对参与各方福利的影响。

①无利益冲突的理想型内部资本交易。

依据上述模型可知，企业集团相对于资本交易时获得了的超额租金 $(\theta_2 - \theta_1)K(I^*)$，实现了效率提高的目标。此时母公司、子公司 R 和子公司 P 获得净收益分别为 $\alpha_2(\theta_2 - \theta_1)K(I^*) - \alpha_1 I^*$，$\theta_1 K(I^*) - I^*$，$(\theta_2 - \theta_1)K(I^*)$，表明企业集团参与各方在内部资本交易中实现了"共赢"的局面。模型虽然体现了"共赢",但只是确保中小股东维持合作,最大受益者仍然是控股母公司,这也印证了集团公司财务目标是:在考虑利益相关者前提下,追求控股股东财富最大化。

②附加冲突成本的效率型内部资本交易。

从模型结果来看,集团不完全按生产效率配置资源,还受母公司在子公司中的股权比例和母公司控制权水平的影响,此时资金转移不足($I_1^* < I^*$)。相对于无资本交易时集团获得了$(\theta_2 - \theta_1)K(I_1^*) - (1 + \lambda)C(I_1^*)$收益。母公司、子公司 R 和子公司 P 获得净收益分别为$\alpha_2\theta_2 K(I_1^*) - \alpha_2 I_1^* - [\lambda + \alpha_2 - \alpha_1)]C(I_1^*)$、0、$\theta_2 K(I_1^*) - \theta_1 K(I_1^*) - C(I_1^*)$。分析表明,由于利益冲突成本的存在,导致了社会福利的减少,同时由于资金转移不足,造成产出的损失。因此,此时的内部资本市场不能实现最优配置,也不能实现社会福利的最大化,但是仍然可以维持持续合作,并能够基本实现集团公司财务目标是:在考虑利益相关者的前提下,追求控股股东财富最大化。

③母公司侵害型内部资本交易。

此种情况下资本交易的结果:是资本配置扭曲,存在过度转移资金行为。由于利益冲突成本和侵占成本的存在,导致了社会福利的减少,既不能实现内部资本的最优配置,也不能实现社会福利的最大化。而且由于母公司恶意侵占子公司,导致公平损害,甚至不能维持持续合作。实现的财务目标只能是:在伤害利益相关者的前提下,追求控股股东财富最大化。

4.4.4 主要结论与启示

从现代公司治理理论出发,以企业集团内部资本市场运作的重要方式——关联交易为具体研究对象,构建了控股股东控制下的内部资本交易的优化模型,定量地证明了三种情景下的均衡结果,并从理论上推演出均衡结果的影响因素,以及不同交易结果对各参与主体所带来的福利影响,以此对内部资本市场的存在性和有效性及其行为演化的机理进行了理论演绎,弥补仅从实证角度研究的不足。

主要结论是：(1) 在公司集团内部资本配置中，由于参与主体的利益冲突和协调的影响，以效率为目标的内部资本市场可能被"异化"，内部资本交易结果表现出多样性和复杂性的特征。理想型内部资本市场实现了资本配置的最优化和社会福利的最大化，形成参与各方"共赢"的局面，也实现了集团公司财务目标；附加冲突成本的效率型内部资本市场在一定条件下存在和有效，虽然不一定达到最优，但可以持续维持，基本实现集团公司财务目标；侵害型内部资本市场内部资本配置扭曲，并且不可持续，实现的财务目标只能是在损害利益相关者的前提下，追求控股股东财富最大化。(2) 由于冲突成本和侵害动机的存在，在不同的治理和管理环境下，企业集团内部资本交易的资本转移存在资本转移不足或者过度转移资本行为。(3) 内部资本最优转移量与母公司在子公司中的股权比例、产出效率、母公司的控制力、利益冲突成本、侵占成本和侵占比例有关，而这些因素由于公司治理内外环境和大股东的股权结构和控制权结构密切相关。

主要启示在于：首先，内部资本市场是一把"双刃剑"，有效的公司治理是内部资本市场存在、有效乃至最优的基础，人们在组建企业集团利用内部资本市场的制度优势时，要注意提高集团治理机制，缓解资本配置扭曲的情况，最大化内部资本市场的制度净收益。其次，要处理好内部资本市场存在、有效和最优的辩证关系，在维持利益相关方持续合作（即内部资本市场存在）的基础上研究如何提高内部资本市场的有效性和最优性，进而最大限度地发挥内部资本市场的作用。最后，在集中型所有权结构下，特别是在法律制度、金融体系尚不完善和缺乏有效的公司控制权市场的经济体中，大股东对控制权私利的追求对资本配置决策的有重大影响，监管部门应采取整体上市的政策导向，减少所有权的控制层级和股权结构，从而有效规避母公司与上市公司之间在资本交易中的操控行为。

本章小结

在公司集团中，在集团总部（控股母公司）的控制协调下，母子公司之间、成员企业之间通过内部资本市场进行多种资本配置行为，目的是将集团资金配置到产出效率高的企业或者项目，从而提高整个集团的产出和福利。在不考虑成员企业之间利益冲突时，或者说，当成员企业都是大公无私者时，各交易方都从集团利益最大化的目标出发，就可以实现最优的资本协作状态，进行最优资本配置，从而提高产出效率，实现内部资本市场提高资本配置效率的功能。

但是在现实中，由于集团内各成员企业的股东构成不同，集团内部进行资产转移时必然伴随着成员之间的利益转移行为，集团认为最优的资本配置可能并不符合其他股东的利益。因此，集团内部资本交易行为具有既合作又竞争的特征。这种特征使内部资本市场中的资本交易动机和交易结果显得尤为复杂，由于参与方的利益冲突和机会主义行为动机的驱使下，以缓解融资约束获得更多的外部融资和有效地利用有限的内部资源为目标的内部资本市场，其功能可能会被"异化"，产生侵占行为、有效交易的无法实现、利益冲突协调成本的产生等负面效应。特别是我国金融体制仍存在诸多问题，公司治理机制和投资者保护法律不完善，控股股东有动机根据其股权结构和控制权结构分布上的优势地位，通过资金占用、非公允的关联交易和贷款担保等"隧道挖掘"手段谋取控制权私利，进而扭曲企业内部资本的配置行为，内部资本市场常常成为大股东"掏空"上市公司的工具，降低了企业内部资本的配置效率。

本章首先对我国大股东控制下的内部资本配置行为动机及类型进行分析。由于上市公司产生的历史原因，我国大部分上市公司处于国有大股东控制和集团公司之中，大股东会利用其控制权，在获得共享收益的同时，也会追求控制权私有收益，而且大股东的行为又受制度环境的影响。因此，我国公司集团内部资本配置的动机分为获取控制权私有收益、获取共享收益、缓解融资约束与相互保险和公共治理四种情况。由此产生了五种内部资本配置行为类型：控制权优势型内部资本配置行为、相互保险型内部资本配置行为、信息优势型内部资本配置行为、制度诱发型内部资本配置行为和公共治理推动型内部资本配置行为。然后对内部资本市场配置方式的表现形式及其可能异化的风险进行归类汇总。研究表明，我国公司集团内部资本配置呈现出"动机复杂、多功能和多目标"的特征，而且在目前我国法律保护体制和监管措施尚不健全、公司治理水平薄弱的状况下，公司集团内部资本市场存在被异化的风险。

在对内部资本配置行为动机理论进行提炼和深化的基础上，考虑到企业集团内部资本交易的特性，采用系统优化的分析思路，以母子公司为例建立一个内部资本交易的优化模型，对内部资本配置的存在性和有效性及其演化进行理论演绎。通过对大股东控制下的内部资本交易的均衡结果的优化分析发现：①由于成员企业之间的利益冲突和机会主义行为[①]的影响，以效率为目标的内部资本市场可能被"异化"，内部资本交易结果表现出多样性和复杂性的特征。具体分为理想型内部资本市场、附加冲突成本的内部资本市场和侵害型内部资本市场三种情况。②在不同的治理和管理环境下，企业集团内部资本交易存在资本转移不足或者过度转移资本行为，内部资本最优转移量与母公司在子公司中的股权比例、产出效率、母公司的控制力、利益冲突成本、侵占成本和侵占比例有关，而这些因素由于公司治理内外环境与大股东的股权结构和控制权结构密切相关。

---

① 在本质上，成员企业之间的利益冲突和机会主义行为表现为大股东和中小股东之间的矛盾。

第5章　大股东控制下管理者自利行为与内部资本配置研究

通过第4章内部资本转移行为理论模型分析可知，在我国特殊的制度背景下，我国公司集团内部资本配置行为主要表现为大股东和中小股东之间的利益冲突与协调，在不同的治理环境（包括内部和外部治理机制）和内部资本配置行为动机下，内部资本配置可能表现为无效、有效和最优的不同状态。在第4章的理论模型研究中，一个重要的假设前提是大股东和其代理人CEO是利益目标一致，重点研究大股东与外部股东（特别是中小股东）的代理问题[①]。

然而，股东与其代理人CEO的目标效用函数并不完全一致，作为自身利益的最大追求者，他们之间不可避免地存在委托代理问题，特别是当大股东采用"金字塔"和交叉持股控制结构时，通过多层次、多重控制链条控制上市公司时，由于信息不对称，代理人CEO更有可能采取背离委托人大股东的决策行为。代理人CEO的自利行为，侵害了整个股东群体的利益，特别是中小股东的利益。

为此，本章承接第4章的理论分析，放开大股东和其代理人CEO利益目标一致的假设，把研究视角深入大股东及其代理人CEO构成的控制权利益集团内部，并基于我国普遍的"金字塔"结构，把研究范围从第4章的"母子公司型"企业集团扩展到终极控制人通过多层和多重控制链条控制的公司集团之中，研究终极大股东与代理人CEO之间利益关系对公司集团内部资本配置行为的影响。同时，把研究内容从第4章的单一的大股东控

[①] 在大股东与外部股东（中小股东）的委托代理关系中，外部股东是委托人，大股东是代理人。外部股东（中小股东）享受"搭便车"服务，把监督管理层的任务事实上委托给了大股东。

制权私利行为分析，扩展到大股东控制权私利行为和 CEO 自利行为的综合分析。

具体而言，本章首先结合中国特殊的制度背景，对公司集团内部资本配置活动中大股东与管理者的利益冲突和合谋行为进行理论剖析。然后，从直接分析内部资本分配行为入手，站在终极控制人管理控制的角度，构建终极控制人（终极大股东）和母公司 CEO[①]之间演化博弈模型，研究终极控制人和母公司 CEO 在资本配置活动中的利益冲突与合谋，以期获得初始状态及各参数变化如何影响内部资本配置行为以及其长期均衡趋势的理论依据。

从本书逻辑结构上来看，本章和第 4 章从不同角度共同构成内部资本配置行为的理论体系。本章为第 6 章的实证研究和第 8 章的对策研究奠定理论基础。

5.1　管理者的自利行为

Berle 和 Means（1932）[47]指出，在股权结构高度分散的美国上市公司中，管理层与股东之间的利益冲突为公司治理的主要矛盾，管理层可能为了自身利益而牺牲股东利益。La Porta 等（1999）[54]的研究表明，在股权集中的现代公司中，公司治理的主要矛盾表现为大、小股东之间的代理，但是他们发现，仍然有 31% 的上市公司的大股东并未参与经营管理，在这些上市公司中，除大股东与中小股东之间的代理问题外，还存在管理层与股东之间的代理问题。

Burrough 和 Helyar（1990）[157]指出，管理层的自利行为表现为，通过增加在职消费，损害股东利益。Bebchuk 等（2002）[158]、Bebchuk 和 Fried（2003）[159]则发现，管理层利用其对公司的控制力，建立有利于自身价值

---

① 这里的母公司是指上市公司的直接控股股东；这里假设母公司 CEO 代表公司管理层，对于上市公司拥有较大的决策权。

的最大化的薪酬制度。Bebchuk 和 Fried（2005）[160]则认为，天价高管薪酬现象恰恰是管理层自利行为的表现。在内部资本市场资本配置活动中，以牺牲大股东利益为代价的管理层自利行为体现在多个方面。例如，管理层为掌握更多资源或获得更高报酬可能进行过度投资，选择有利于自己而并非有益于股东的扩大投资项目，甚至将资金投向净现值小于零的项目，建立"企业帝国"（Jensen，1986）[31]；为保住自身职位不被他人取代而进行自己擅长的特殊投资，来降低其"就业风险"（Shleifer and Vishny，1989）[161]；Cotter 和 Zenner（1994）[162]指出，在管理层私利驱使下，管理层抵制来自外部的有利于提升股东价值的收购兼并。Hartzell 等（2004）[163]也得出类似的结论，当公司面临被收购威胁时，管理层更多考虑自身利益的保障程度。

在股权集中和大股东控制下的中国上市公司，由于股东利益集团表现出明显的异质性、内部人控制现象严重、大股东性质的复杂性和特殊的中国制度背景，股东与管理层之间的利益冲突突出表现为大股东和管理层之间的利益冲突。吴育辉和吴世农（2011）[164]以大股东是否直接参与公司的经营管理，将代理关系划分为单一代理关系和双重代理关系，探讨两类不同代理关系下面临的大股东掏空行为和管理层自利行为，系统证实了大股东掏空行为与管理层自利行为的影响因素。吕长江等（2009）[165]、吴育辉和吴世农（2010）[166]的研究都表明，上市公司的股权激励存在明显的管理层自利行为。郝颖等（2007）[140]在两层代理框架下构建了国有上市公司部门经营者"寻租"所导致的扭曲性过度投资行为模型，对内部人控制和"寻租"均能导致企业资金配置效率低下的成因进行阐释。

5.2　大股东的过度监督

大股东参与治理的"积极行动"在解决小股东的集体行动难题的同时，带来了新的问题——过度监督问题。Burkart 等（1997）[167]质疑了那些认为只要大股东实施监督，减少经理层的"肆意"（Discretion）就一定会带来收益的观念。他们认为经理层一定的"肆意"有利于经理层人力资本效率的发挥。因此，大股东提供监督数量存在最优监督点，超过这个最优点的监督就成为"过度监督"。

Aghion 和 Tirole（1997）[168]认为，适当的授权有利于经理人发挥积极性，从而带来绩效的改善。Burkart 等（1997）[167]证明了提高经理层的激励可以减少过度监督的负面影响。这表明，既要强调大股东积极参与公司治理，又不能忽视对经理层的激励。

5.3　大股东与管理者的合谋"寻租"

合谋是组织中普遍存在的现象。本书特指大股东和管理层为了满足各自利益最大化而相互勾结，在公司集团内部资本配置时转移公司的资源和利益，侵占中小股东利益的行为。根据"战略联盟假说"，大股东往往和经理层合谋来损害其他股东的利益（Burkart and Panunzi，2001）[169]。

5.3.1　合谋"寻租"的动因：控制权收益的依存性

第一，从大股东的角度看，一方面，根据委托代理理论，为了减少管理层的道德风险行为，股东需要对管理层进行监督。由于监督成本的不可分摊性和小股东的"搭便车"动机，大股东行使了对管理层监督的责任，大股东治理在公司治理中发挥着不可或缺的作用，可以解决小股东集体行动的难题，保证了具有公共产品性质的"监督"供给。但同样由于监督具有外部性，因而大股东监督激励会减弱。另一方面，在经营权和所有权分离的现代制企业里，大股东把这一部分企业生产经营权通过企业契约授权给了管理层，大股东的意志最终要通过管理层来实现。为了实现自身利益最大化的目标，大股东必须出卖部分监督的权利，换取管理层的部分租金收益，共同对内部资本市场中的盈余进行管理。因此，由于监督成本和监督收益的外部性、股东的异质性以及股东与管理层利益不一致性共同导致了大股东监督行为的扭曲。

第二，从管理层的角度看，在大股东具有超强控制权时，经理人选和报酬在很大程度上由大股东的意志决定。此时，如何迎合大股东就成了经理人员的理性选择。当然，由于经理的自利"寻租"行为受到大股东监督的制约，经理愿意拿出一部分租金收益，收买大股东的监督。在我国，管理者的收益通常与企业的经营业绩挂钩，当大股东通过内部资本市场交易对盈余进行调节时，管理者在主观上也具有和大股股东合谋的动机。

因此，大股东和管理层获取私人收益具有较高的依存性，大股东在"隧道挖掘"的过程中，必须通过与管理者合谋来实现其目的（Burkart et al.，2003）[167]。控制权私人利益的依存性，是大股东和管理层合谋的根本动因。在相互依存的控制权利益驱动下，大股东和经理可能放弃企业价值最大化目标，来实现自身控制权利益最大化。

5.3.2 合谋"寻租"的实现条件：公司制衡机制的缺失

大股东和管理层能够实现有损于小股东利益的合谋行为的实现条件是公司制衡机制的缺失，而公司制衡机制的缺失是由大股东的自身能力和客观条件所决定的。

第一，从内部制衡机制看，大股东凭借投票权掌控了董事会，董事会成为大股东的代理人，而小股东由于投票权的分散实际上丧失了"用手投票"的能力，从而使公司内部制衡机制无法发挥作用。在此情况下，中小股东极易成为大股东和经理人员的合谋"寻租"对象。

第二，从外部制衡机制看，由于上市公司股权的高度集中且流通难度较大，外部接管机制处于缺失状态。此时，即使中小股东采取"用脚投票"的措施，也不能通过市场接管机制对经理人员或大股东地位构成威慑，因此，接管市场的效力并未形成。

综上所述，在我国上市公司内、外制衡机制都处于弱化的状态下，中小股东不能有效约束大股东和经理的合谋行为。当大股东和经理可以通过合谋侵害来增加自身效用时，大股东和经理合谋"寻租"的可能性大大增加。

5.3.3 合谋"寻租"的经济后果：治理效率的损失

大股东与管理者通过合谋"寻租"对中小股东的利益侵占，是一种基于自身利益最大化的理性选择。企业集团内部资本配置活动中的合谋"寻租"行为表现为大股东通过其代理人 CEO 侵占中小股东的利益，侵占途径主要为资金占用、违规担保、非公平的关联交易和盈余管理等。在大股东与管理者合谋的条件下，大股东除了获得正常的按股权分成的投资收益外，还能侵占中小股东的部分利益，从而获得超额报酬，而管理者能从大股东那里获得额外收益。因此，大股东与管理者的合谋行为，是对超额报酬的追逐和瓜分，是大股东和管理者的一种非生产性的"寻租"行为。从本质上来说，获得的超额报酬就是租金收入。

合谋"寻租"行为会导致大股东对管理者的监督效率、激励效率、投资决策效率的下降，以及盈余管理带来的资金配置效率的降低。因此，公司集团内部资本配置活动中的合谋"寻租"行为不仅损害了中小股东的利益，而且会导致公司整体资本配置效率降低和社会福利损失。

5.4 大股东控制下的内部资本配置演化博弈模型

通过前面的理论分析可知，公司集团内部资本配置不仅受大股东控制权私利行为的影响，而且与其代理人 CEO 的自利行为有密切的关系。那么，在终极控制权视角下，与独立企业相比，终极股东[①]控制下的公司集团内部资本配置的动机、行为特征有何异同呢？终极控制人和母公司 CEO 的自利行为如何影响集团内部资本配置？股权集中、"金字塔"结构及管理体制能否解释处于公司集团之中的上市公司低效投资的现象？在不同的

---

① 本书定义的终极控股股东，是指通过"金字塔"结构实际控制了公司最多表决权，能够实际决定公司财务决策的自然人和经济实体。因此是另一种形式的大股东。

管理环境下，终极控制人如何选择治理结构和管理体制？本书基于中国上市公司普遍存在终极控制股东的事实，从终极控制人和母公司 CEO 之间的利益冲突与合谋①的视角，构建公司集团内部资本分配的演化博弈理论模型，以期获得初始状态及各参数变化如何影响内部资本配置行为以及其长期均衡趋势的理论依据。

5.4.1 演化博弈理论概述

演化博弈论起源于生物进化论，最初用来解释生物进化过程中的一些自然现象。近年来，该理论成功运用于研究社会领域，如风俗习惯、制度规范等的自发形成原因以及规律方面。目前，演化博弈理论已经逐步进入经济学领域。演化博弈论与经典博弈论的主要区别在于将局中人假设为有限理性而非完全理性。具有有限理性的局中人很难从一开始就做出最优反应，需要通过不断的学习和实验来逐步优化自己的策略。演化博弈理论将传统经济学中的均衡理念和生物学中的适应度观点相结合，着重分析在信息不对称、有限理性以及预期对手行为有偏差的条件下，博弈局中人如何通过模仿、学习以及不断的试错来做出响应，最终达成演化稳定均衡。这种平衡下的策略被称为演化稳定策略（Evolutionary Stable Strategy，ESS）[170]。

考虑非对称博弈的情况，博弈局中人 N 两个可供选择的策略分别为 s_1 和 s_2，M 两个可供选择的策略分别为 s_3 和 s_4，局中人 N 选择策略 s_1 的概率分别为 q，则选择策略 s_2 的概率（1－q），局中人 M 选择策略 s_3 的概率分别为 p，则选择策略 s_4 的概率（1－p），α_{11} 表示局中人 N 选择策略 s_1 且局中人 M 选择策略 s_3 时局中人 M 的支付，b_{11} 表示局中人 M 选择策略 s_3 且局中人 N 选择策略 s_1 时局中人 N 的支付，同理可得 α_{12}、α_{21}、α_{22}、b_{12}、b_{21}、b_{22}，如图 5.1 所示。

---

① 在我国终极股东超强控制和代理链条超长的情况下，主要矛盾不是部门 CEO 的"寻租"问题，也不是直接大股东和小股东的代理问题，而是终极股东（实际控制人）与小股东，以及终极股东与其代理人 CEO 之间代理问题。

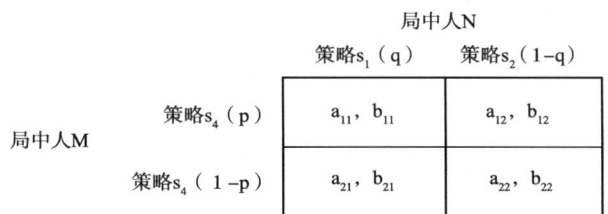

图 5.1　二人非对称博弈支付矩阵

则有复制动态方程如下：

$$\frac{dp}{dt} = p(1-p)[\alpha_{12} - \alpha_{22} - (\alpha_{12} + \alpha_{21} - \alpha_{11} - \alpha_{22})q] \quad (5.1)$$

$$\frac{dq}{dt} = q(1-p)[b_{12} - b_{22} - (b_{12} + b_{21} - b_{11} - b_{22})p] \quad (5.2)$$

令上述复制动态方程右端为零，即可得到该系统的全部局部均衡点，利用该复制动态系统的雅可比矩阵来判断局部平衡点的稳定性，其判别标准为[171]：若局部平衡点对应的雅可比矩阵行列式大于零，且迹（trace）小于零，则为稳定的均衡点（ESS）；若迹等于零，则该点为动态系统的鞍点（saddle point）。

5.4.2　模型的假设及收益矩阵

我国上市公司大多处于公司集团之中，其资本配置受一个终极控制人控制，终极控制人通过构建"金字塔"结构实现所有权和控制权相分离，以较小的股权控制庞大的公司集团。基于此事实，本章把第 4 章的母子公司模型扩大到由终极控制人通过"金字塔"结构控制的公司集团模型，假设公司集团的股权结构（事实上可能是多条控制链，但不影响结论的分析）如图 5.2 所示。R 表示上市公司，P 为非上市公司，R 和 P 受同一母公司 A_2 控制，A_2 持 R 的股份为 α_R，A_2 持 P 的股份为 α_P，假设 $\alpha_R < \alpha_P$。n 表示该"金字塔"的层级，$A_i(i=2,3,\cdots,n)$ 为上市公司的第 i 层控制人，处于"金字塔"顶端的 A_n 为公司集团的终极控制人 D，$\alpha_i(i=3,4,\cdots,n)$ 为 A_i 控制下一层级公司的股权比例。终极控制人 D 持有上市公

司 R 和非上市公司 P 的股权和控制权通过"金字塔"结构都得到分离，D 持有 R 的股份 $\phi_1 = \alpha_R \prod_{i}^{n} \alpha_i$，持有 P 的股份 $\phi_2 = \alpha_P \prod_{i}^{n} \alpha_i$，显然 $\phi_2 > \phi_1$。

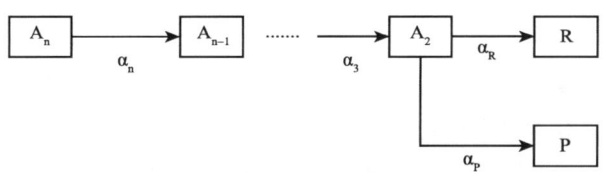

图 5.2 公司集团"金字塔"结构示意图

本书假设母公司 A_2 在满足维持性投资及净现值大于零的项目投资之后，还有自由现金流量 I，在终极控制人和 CEO[①] 的主导下，在公司 R 和 P 之间进行资本配置。其基本思路为：第一期终极控制人在既定治理结构（"金字塔"）下，终极控制人对公司集团选择三种管理体制：分权、集权和适度集权（本书只研究分权和集权两种极端的情况，不影响研究结论），并且期初通过合约制定 CEO 的业绩提成比例，终极控制人在集权的情况下，拥有资本配置权，而在分权的情况下母公司 A_2 的 CEO 进行资本配置决策。第二期投资获得回报，终极控制人 D、CEO 对资本配置和投资结果做出反应，终极控制人 D 视 CEO 的合作情况给予 CEO 奖励或者惩罚，博弈双方收益实现。

模型的其他基本设置如下：

（1）各参与方均为风险中性，不考虑贴现问题，即贴现率为 0。

（2）策略假设。终极控制人出于控制权私利的追求，有选择管理体制[②]的权利，即采用"集权"策略和"分权"策略。采用集权体制时，终极控制人拥有资本配置权。采用分权体制时，CEO 拥有资本配置权。CEO

[①] 本模型之所以选择研究终极控制人和母公司 CEO 之间的代理问题，是基于我国公司集团广泛存在的"金字塔"结构中，随着代理链的加长，大股东和 CEO 的代理问题更加突出。相对而言，母公司和上市子公司 CEO 的代理问题由于控制层级较短，代理问题相对要少。

[②] 大股东将公司的经营管理权交付给外部经理人，自己保留对管理层的监督和建议权力。

出于自身利益最大化采取自利行为策略,采取合作或者非合作策略①,合作策略是指按终极控制人意图配置资本②;非合作策略则为 CEO 按资本配置效率原则进行配置资本③。

(3) 产出效率假设。$K(I)$ 为产出函数,公司 R 和 P 的产出函数分别为 $\theta_1 K(I)$ 和 $\theta_2 K(I)$。θ_1 和 θ_2 分别是公司 R 和 P 的产出效率系数,系数越大,说明该公司的产出效率越高。这里假设 $\theta_1 > \theta_2$,同时假设终极控制人的收益 $\phi_2 \theta_2 K(I) > \phi_1 \theta_1 K(I)$④,也就是说,如果自由现金流量 I 配置给企业 P 时,终极控制人的股权收益要大于配置给企业 R 时的股权收益。

(4) 管理成本假设。假设终极控制人集权和分权策略时的成本分别为 C_1 和 C_2。管理成本包括信息成本、过程控制成本和代理成本,随着集权程度的增加,信息成本和过程控制成本增加,而代理成本减少,终极控制人在三种成本之间权衡集权与分权的程度。

(5) 奖惩假设。终极控制人期初制定合约,规定 CEO 的业绩提成比例,在集权管理体制下,CEO 的业绩提成比例 α,在分权管理体制下,CEO 的业绩提成比例 β。期末根据 CEO 的合作努力程度,终极控制人给予 CEO 非现金激励(惩罚),如职位的迁升、在职消费和闲暇,这种非现金激励效用用 $G(x)$ 表示,其中 $x(x = a, b, c, d)$ 为合作努力程度,这表明,大股东为了达到 CEO 的合作,必须部分放弃对管理者的监督,让管理者通过职务消费、享受工作闲暇等方式获取私人利益。也就是说,CEO 的收益来自业绩提成和非现金效用。但是,由于终极控制人与 CEO 之间通常

---

① 本模型是站在终极控制人管理控制的视角研究内部资本分配行为,因此这里假设 CEO 为"合作与非合作策略",而非"合谋与非合谋策略",从文字表述上更加妥当。但其实质仍是分析内部资本分配中大股东和 CEO 的合谋侵占中小股东问题。

② 此时 CEO 通过终极控制人利益最大化来实现自身利益最大化,在实践中表现为 CEO 是终极控制人的亲信或者就是其本人,或者 CEO 认为自身利益最大化的实现必须依靠贯彻终极控制人意图才能得以实现。

③ CEO 有时之所以采取非合作策略,按资本配置效率原则进行配置资本,是因为 CEO 主要收益来自业绩提成。

④ 这里假设 $\theta_1 > \theta_2$,同时假设终极控制人的收益 $\phi_2 \theta_2 K(I) > \phi_1 \theta_1 K(I)$,是基于现实生活中终极控制人常常把资本配置给自身股权收益最大的非上市企业(终极控制人的相对核心企业),按非效率原则配置资本。如果假设 $\theta_1 < \theta_2$,从上述假设 $\phi_2 > \phi_1$,得出 $\phi_2 \theta_2 K(I) > \phi_1 \theta_1 K(I)$,此时 CEO 和终极控制人无利益冲突,不存在博弈,合作是 CEO 的占优策略。

都存在严重的信息不对称（因为他们双方处于一条控制链条的两端），CEO实际获得的非现金激励效用为 rG(x)，其中 r 为集权程度（或者是对经营者的约束水平），$0 \leq r \leq 1$，r=0 说明经营者不受任何约束监督，完全是内部控制，此时，终极控制人与 CEO 之间信息完全不对称；相反，r=1 说明经营者受严格的约束监督，完全是终极控制人控制，r=1 可以认为是终极控制人与 CEO 之间完全信息下的情况。进一步假设 CEO 的非现金效用偏好度 λ 表示现金激励和非现金激励对 CEO 效用差别程度，$\lambda > 1$ 表示 CEO 更偏好非现金激励①。所以 CEO 实际获得的非现金激励效用为 λrG(x)。综上分析，CEO 的收益来自业绩提成和非现金效用。

由以上假设可知，对终极控制人而言，当终极控制人采取集权策略时，终极控制人拥有资本配置权，因此无论 CEO 采取合作还是非合作策略，自由现金流量 I 都配置给则企业 P，终极控制人的支付为 $\phi_2\theta_2K(I) - C_1$。若终极控制人采取分权策略时，CEO 拥有资本配置权，若 CEO 采取合作，则自由现金流量 I 仍然配置给则企业 P，终极控制人的支付为 $\phi_2\theta_2K(I) - C_2$；若 CEO 采取非合作，则自由现金流量 I 配置给则企业 R，终极控制人的支付为 $\phi_1\theta_1K(I) - C_2$。

对 CEO 而言，当 CEO 采取合作策略时，若终极控制人采取集权策略，自由现金流量 I 配置给则企业 P，则 CEO 的支付为 $\alpha\theta_2K(I) + \lambda r_1G(a)$，若终极控制人采取分权策略，自由现金流量 I 配置给企业 P，则 CEO 的支付为 $\beta\theta_2K(I) + \lambda r_2G(c)$。同理可得 CEO 采取非合作策略时的支付。因此，双方的博弈收益矩阵可用表 5.1 表示。

表 5.1　　　　　　　　终极控制人和 CEO 博弈收益矩阵

	CEO 合作策略	CEO 非合作策略
终极控制人集权策略	$\phi_2\theta_2K(I) - C_1, \alpha\theta_2K(I) + \lambda r_1G(a)$	$\phi_2\theta_2K(I) - C_1, \alpha\theta_2K(I) - \lambda r_1G(b)$

---

① 从国外激励机制的现状来看，美英式的企业主要采用高工资、高奖金和股票期权等形式进行物质激励为主；日德式企业主要是以荣誉、地位、培训等精神激励为主。各种激励方式有各自的优缺点，都只适应于各自国家的现实。职业本身的需求特征不同，物质激励与非物质激励对经理人的效用不一样。

续表

	CEO 合作策略	CEO 非合作策略
终极控制人分权策略	$\phi_2\theta_2 K(I) - C_2, \beta\theta_2 K(I) + \lambda r_2 G(c)$	$\phi_1\theta_1 K(I) - C_2, \beta\theta_1 K(I) - \lambda r_2 G(d)$

5.4.3 模型的构建与分析

5.4.3.1 终极控制人及CEO的复制动态方程及其求解

由于公司集团内部资本市场存在多主体的利益冲突和协调，治理结构和管理体制又相对复杂，各利益主体很难做出一次性的理性选择，因此假设其行为选择是一个学习的过程，并运用演化博弈理论建立模型，对内部资本配置活动进行分析。在博弈的初始阶段，假设终极控制人选择"集权"的可能性比例为 x，选择"分权"的可能性为 $1-x$，CEO 选择"合作策略"的可能性为 y，CEO 选择"非合作策略"的可能性为 $1-y$。

首先构造终极控制人群体"集权"的复制动态方程。

终极控制人选择"集权"与"分权"的期望收益与群体平均收益分别为 U_{1Y}、U_{1N}、$\overline{U_1}$。

$$U_{1Y} = y[\phi_2\theta_2 K(I) - C_1] + (1-y)[\phi_2\theta_2 K(I) - C_2] \quad (5.3)$$

$$U_{1N} = y[\phi_2\theta_2 K(I) - C_1] + (1-y)[\varphi_1\theta_1 K(I) - C_2] \quad (5.4)$$

$$\overline{U_1} = xU_{1y} + (1-x)U_{1N} \quad (5.5)$$

终极控制人"集权"比例的复制动态方程为：

$$F(x) = \frac{dx}{dt} = x(1-x)\{y[\varphi_1\theta_1 K(I) - \phi_2\theta_2 K(I)] + [(\phi_2\theta_2 K(I) - C_1) - (\varphi_1\theta_1 K(I) - C_2)]\} \quad (5.6)$$

对其求导数并求解：

(1) 若 $y = \dfrac{(\phi_2\theta_2 K(I) - C_1) - (\varphi_1\theta_1 K(I) - C_2)}{\phi_2\theta_2 K(I) - \varphi_1\theta_1 K(I)}$（以下该式的右边用 y_T 表示）时，则 $F(x) \equiv 0$，这意味着所有水平都是平衡状态。

(2) 若 $y \neq y_T$ 时，令 $F(x) = 0$，得 $x = 0$，$x = 1$ 是两个稳定点。

对 $F(x)$ 求导，因为演化稳定策略要求 $\dfrac{dF(x)}{dx} < 0$，由假设可知，$[\phi_2\theta_2 K(I) - (\varphi_1\theta_1 K(I)] > 0$，于是分以下几种情况讨论：

①当 $[(\phi_2\theta_2 K(I) - C_1) - (\varphi_1\theta_1 K(I) - C_2)] < 0$，即 CEO 采取合作策略时，终极控制人集权与分权的净收益之差小于零时，所以 $y_T < 0$，恒有 $y > y_T$，则 $x = 0$ 是演化稳定策略。

②当 $0 < [\phi_2\theta_2 K(I) - \varphi_1\theta_1 K(I)] < [(\phi_2\theta_2 K(I) - C_1) - (\varphi_1\theta_1 K(I) - C_2)]$，即 $y_T > 1$ 时，恒有 $y < y_T$，则 $x = 1$ 是演化稳定策略。

③若 $[\phi_2\theta_2 K(I) - \varphi_1\theta_1 K(I)] > [(\phi_2\theta_2 K(I) - C_1) - (\varphi_1\theta_1 K(I) - C_2)] > 0$，即 $0 < y_T < 1$ 时，则有两种情况：

(a) 当 $y > y_T$ 时，$\left.\dfrac{dF(x)}{dx}\right|_{x=0} < 0$，$\left.\dfrac{dF(x)}{dx}\right|_{x=1} > 0$，故 $x = 0$ 是平衡点。

(b) 当 $y < y_T$ 时，$\left.\dfrac{dF(x)}{dx}\right|_{x=0} > 0$，$\left.\dfrac{dF(x)}{dx}\right|_{x=1} < 0$，故 $x = 1$ 是平衡点。

5.4.3.2 母公司 CEO 群体"合作"的复制动态方程

同理，也可以构造母公司 CEO 群体"合作"的复制动态方程。母公司 CEO 群体"合作"比例的复制动态方程为：

$$F(y) = \frac{dy}{dt} = y(1-y)\{x[\lambda r_1 G(a) + \lambda r_1 G(b) - (\beta\theta_2 K(I) + \lambda r_2 G(c)) + (\beta\theta_1 K(I) - \lambda r_2 G(d))] + (\beta\theta_2 K(I) + \lambda r_2 G(c)) - (\beta\theta_1 K(I) - \lambda r_2 G(d))\} \tag{5.7}$$

对其求导数并求解：

(1) 若 $x = \dfrac{[\beta\theta_1 K(I) - \lambda r_2 G(d)] - [\beta\theta_2 K(I) - \lambda r_2 G(c)]}{\lambda r_1 G(a) + \lambda r_1 G(b) + [\beta\theta_1 K(I) - \lambda r_2 G(d)] - [\beta\theta_2 K(I) + \lambda r_2 G(c)]}$（以下该式的右边用 x_T 表示）时，则 $F(y) \equiv 0$，意味着所有水平状态都是稳定状态。

(2) 若 $x \neq x_T$ 时，令 $F(y) = 0$，得 $y = 0$，$y = 1$ 是两个稳定点。分以下几种情况讨论。

①当$\{\lambda r_1 G(a) + \lambda r_2 G(b) + [\beta\theta_1 K(I) - \lambda r_2 G(d)] - [\beta\theta_2 K(I) + \lambda r_2 G(c)]\} > 0$，且$[\beta\theta_1 K(I) - \lambda r_2 G(d)] - [\beta\theta_2 K(I) + \lambda r_2 G(c)] < 0$（终极控制人采取分权策略时，CEO非合作与合作净收益之差）时，有$x_T < 0$，故有$x > x_T$，则$y = 1$是演化稳定策略。

②当$\{\lambda r_1 G(a) + \lambda r_2 G(b) + [\beta\theta_1 K(I) - \lambda r_2 G(d)] - [\beta\theta_2 K(I) + \lambda r_2 G(c)]\} < 0$，且$[\beta\theta_1 K(I) - \lambda r_2 G(d)] - [\beta\theta_2 K(I) + \lambda r_2 G(c)] < 0$ 时，有$x_T > 1$，故恒有$x < x_T$，则$y = 0$是演化稳定策略。

③当$[\beta\theta_1 K(I) - \lambda r_2 G(d)] - [\beta\theta_2 K(I) + \lambda r_2 G(c)] > 0$，即$0 < x_T < 1$时，有两种情况：

（a）当$x > x_T$时，$\left.\dfrac{dF(y)}{dy}\right|_{y=0} > 0$，$\left.\dfrac{dF(y)}{dy}\right|_{y=1} < 0$，故$y = 1$是平衡点。

（b）当$x < x_T$时，$\left.\dfrac{dF(y)}{dy}\right|_{y=0} < 0$，$\left.\dfrac{dF(y)}{dy}\right|_{y=1} > 0$，故$y = 0$是平衡点。

5.4.3.3　2种群体复制动态趋势和稳定性进化博弈轨迹

将上述2种群体复制动态趋势和稳定性表示在平面坐标中，即如图5.3所示。

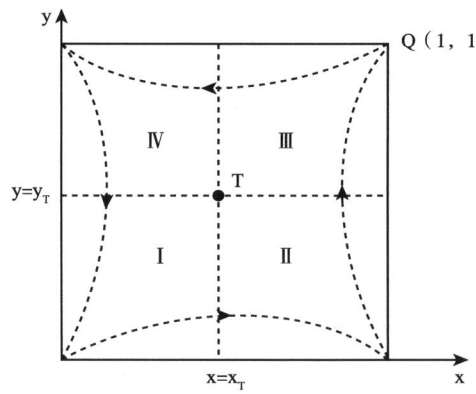

图5.3　两群体进化博弈轨迹示意图

5.4.3.4 终极控制人群体和CEO群体的演化动力系统

由式（5.6）和式（5.7）得到一个终极控制人群体和CEO群体构成的二维动力系统。

当 $[\phi_2\theta_2K(I) - \varphi_1\theta_1K(I)] > [(\phi_2\theta_2K(I) - C_1) - (\varphi_1\theta_1K(I) - C_2)] > 0$，$[\beta\theta_1K(I) - \lambda r_2G(d)] - [\beta\theta_2K(I) + \lambda r_2G(c)] > 0$ 时，系统共有5个局部平衡点：$(0, 0)$，$(0, 1)$，$(1, 0)$，$(1, 1)$，(x_T, y_T)，按照Friedman提出的方法，对于由微分方程系统描述的动态博弈过程，其均衡点的稳定性可由该系统的雅可比矩阵的局部稳定性分析得到。对 $F(x)$，$F(y)$ 求偏导得雅可比行列式及雅可比行列式的迹。

$$J = \begin{pmatrix} \dfrac{\partial F(x)}{\partial x} & \dfrac{\partial F(x)}{\partial y} \\ \dfrac{\partial F(y)}{\partial x} & \dfrac{\partial F(y)}{\partial y} \end{pmatrix} \tag{5.8}$$

$$De(J) = \begin{vmatrix} \dfrac{\partial F(x)}{\partial x} & \dfrac{\partial F(x)}{\partial y} \\ \dfrac{\partial F(y)}{\partial x} & \dfrac{\partial F(y)}{\partial y} \end{vmatrix} \tag{5.9}$$

$$Tr(J) = \dfrac{\partial F(x)}{\partial x} + \dfrac{\partial F(y)}{\partial y} \tag{5.10}$$

其中，

$$\dfrac{\partial F(x)}{\partial x} = (1-2x)\{y[\varphi_1\theta_1K(I) - \phi_2\theta_2K(I)] + [(\phi_2\theta_2K(I) - C_1) - (\varphi_1\theta_1K(I) - C_2)]\} \tag{5.11}$$

$$\dfrac{\partial F(x)}{\partial y} = x(1-x)[\varphi_1\theta_1K(I) - \phi_2\theta_2K(I)]$$

$$\dfrac{\partial F(y)}{\partial x} = y(1-y)[\lambda r_1G(\alpha) + \lambda r_2G(b) - (\beta\theta_2K(I) + \lambda r_2G(c)) + (\beta\theta_1K(I) - \lambda r_2G(d))] \tag{5.12}$$

$$\dfrac{\partial F(y)}{\partial y} = (1-2y)\{x[\lambda r_1G(\alpha) + \lambda r_1G(b) - (\beta\theta_2K(I) + \lambda r_2G(c)) +$$

$$(\beta\theta_1 K(I) - \lambda r_2 G(d))] + (\beta\theta_2 K(I) + \lambda r_2 G(c)) -$$
$$(\beta\theta_1 K(I) - \lambda r_2 G(d))\} \tag{5.13}$$

根据雅可比矩阵的局部稳定分析法，对五个均衡点进行稳定性分析，结果见表 5.2，可见，博弈没有演化稳定策略（ESS）。

表 5.2　　　　　雅可比矩阵行列式与迹符号分析

均衡点	det J（符号）	tr J（符号）	局部稳定性
$x=0$, $y=0$	−	不确定	鞍点
$x=0$, $y=1$	−	不确定	鞍点
$x=1$, $y=0$	−	不确定	鞍点
$x=1$, $y=1$	−	不确定	鞍点
$x=x_T$, $y=y_T$	+	0	中心点

5.4.4　模型讨论与主要结论

5.4.4.1　模型讨论

(1) 演化稳定策略分析。

上述博弈结果表明有如下稳定策略：

① $[(\phi_2\theta_2 K(I) - C_1) - (\varphi_1\theta_1 K(I) - C_2)] < 0$，即 $(\phi_2\theta_2 K(I) - C_1) < (\varphi_1\theta_1 K(I) - C_2)$ 时，则 $x=0$ 是演化稳定策略，即自由现金流量 I 配置给产出率高的企业 R，终极控制人的净收益较大时，则终极控制人都会选择分权。

② 当 $0 < [\phi_2\theta_2 K(I) - (\varphi_1\theta_1 K(I)] < [(\phi_2\theta_2 K(I) - C_1) - (\varphi_1\theta_1 K(I) - C_2)]$，即 $C_2 > C_1$ 时，则 $x=1$ 是演化稳定策略。也就是说，终极控制人分权时的管理控制成本较大时，终极控制人都会选择集权。

③ 当 $[\beta\theta_1 K(I) - \lambda r_2 G(d)] - [\beta\theta_2 K(I) + \lambda r_2 G(c)] < 0$，即 $[\beta\theta_1 K(I) - \lambda r_2 G(d)] < [\beta\theta_2 K(I) + \lambda r_2 G(c)]$ 时，则 $y=1$ 是演化稳定策略，即当 CEO 非合作净收益小于合作净收益时，CEO 都会选择合作。

(2) 非稳定策略。

当 $[\beta\theta_1 K(I) - \lambda r_2 G(d)] - [\beta\theta_2 K(I) + \lambda r_2 G(c)] > 0$，$[\phi_2\theta_2 K(I) - \varphi_1\theta_1 K(I)] > [(\phi_2\theta_2 K(I) - C_1) - (\varphi_1\theta_1 K(I) - C_2)] > 0$ 时，没有进化稳定策略。这表明终极控制人和 CEO 两个群体可能受到其他诸如政策、文化和传统、经营者的偏好和治理机制等因素的影响，在博弈过程表现出一种周期行为模式，该种情形是经济生活中的一种常见现象，这从一个侧面揭示了促使公司集团内部资本市场有效配置资本的长期性、反复性与艰巨性。

(3) 初始状态对进化博弈的影响。

如图 5.3 所示，博弈的初始状态不同，会导致不同的结果，分析该非对称复制动态进化博弈可以得到不同的均衡状态。当初始状态在区域 I 时，该博弈收敛于稳定策略 $x=1$，$y=0$，即终极控制人集权、CEO 非合作成为稳定状态；当初始状态在区域 III 时，该博弈收敛于稳定策略 $x=1$，$y=1$，即终极控制人分权、CEO 不合作成为稳定状态；当初始状态在区域 II 时，该博弈收敛于平衡点 $x=1$，$y=1$，即（分权，非合作）是终极控制人与 CEO 两个博弈群体中所有参与者的必然选择。当初始状态在区域 IV 时，该博弈收敛于平衡点 $x=0$，$y=0$，即终极控制人集权、CEO 合作成为稳定状态。

(4) 参数的变化对进化博弈的影响。

产出效率 θ_1 和 θ_2、现金和非现金激励效用、集权程度、CEO 的非现金效用偏好度以及终极控制人管理成本等参数的变化会引起中心点 T 的横坐标 x_T 和纵坐标 y_T 的改变，从而引起达到均衡点的概率发生变化。而这些参数又是取决于多种因素，如生产技术、组织结构、股权结构、外部法律制度、企业文化和经营者的偏好等。

5.4.4.2 主要结论

综上所述，国外相关研究主要考虑"弱股东，强管理"情况下的管理层代理问题（总部管理层代理问题、成员企业经理代理问题以及双层代理问题）对内部资本配置效率的影响。而国内学者基于上市公司股权相对集中、外部投资者保护较弱的实际情况，大、小股东之间的代理问题对内部资本配置的影响成为研究热点。但是大部分相关研究主要集中在单个企业的内部资本市场之中，忽视了公司集团大量存在和上市公司普遍存在终极控制性股东的事实，很少站在整个公司集团层面，分析整个集团内部资本市场的配置行为。特别是没有文献从终极控制人管理体制角度，去研究公司集团的内部资本配置行为。

本节基于我国上市公司中存在的"金字塔"持股结构，运用进化博弈方法来分析现实中的内部资本配置问题，得出以下结论：（1）企业的产出效率、激励机制（包括现金激励和非现金激励）、集权程度、管理成本、CEO 的非现金偏好度等因素影响终极控制人和 CEO 的集团内部资本配置行为和效率。（2）博弈初始状况的不同，会导致不同的均衡结果。终极控制人的净收益、管理控制成本和 CEO 净收益会影响博弈双方策略的选择。终极控制人和 CEO 两个群体都应该以长远利益为目标进行决策，尽力消除短视行为，使双方价值都能够得到提升。（3）本节的研究在探讨终极股东和 CEO 资本配置动因与影响因素时，也同时为终极股东对管理体制的选择提供了经济学解释，为完善公司治理结构、平衡各方利益提供了启示。如何防止终极股东的过度监督与经理层积极性的有效发挥是一个重要的课题。

相对于以往文献，本理论模型的主要贡献在于：第一，在研究角度上，站在整个公司集团的层面研究内部资本转移，而且直接分析内部资本配置行为，剖析终极控制人和母公司 CEO 之间的利益冲突。第二，内容上首次把管理体制和内部资本配置行为联系起来，研究在不同管理体制下的内部资本配置行为。第三，在研究方法上，采取演化博弈的分析方法，研究资本配置的长期均衡趋势，更有利于真实反映资本配置的实际情况。

本章小结

第 4 章从"股东—中小股东"框架下研究母子公司型企业集团成员企业之间的内部资本转移行为，而本章从"大股东—经理"框架下研究公司集团的内部资本分配行为。通过本章的理论研究，本书把公司集团内部资本配置的研究框架从"股东—中小股东"扩展到了"大股东—经理—中小股东"框架之下,并把研究范围从单纯母子型集团公司扩大到了终极控制的视角,也就是扩大到了终极控制人通过多层和多重控制链条控制的公司集团之中。

首先,本章结合第 3 章关于大股东与内部人控制权同构,以及大股东与管理者合谋"寻租"的背景分析,对大股东和 CEO 之间的利益冲突与合谋行为的相关文献进行回顾和提炼。研究表明,在公司集团内部资本配置中,大股东凭借其控制权享有控制权共享收益和控制权私有收益。在法律监管不完善和获取控制权私利动机的驱使下,大股东会权衡控制权共享收益和控制权私有收益,很有可能偏离企业价值最大化目标,以牺牲中小股东的利益为代价来获取私利,寻求大股东财富最大化。然而,在所有权和经营权分离的现代公司制企业中,大股东通过契约授权管理者管理企业,自己往往不直接参与企业的日常生产经营活动。因此,大股东要获取控制权私利,他们必须依靠集团的管理者具体执行操作,并通过信息披露机制为他们的行为披上合法的外衣。因此,一方面,大股东和其代理人 CEO 为了各自的私利,他们之间存在利益冲突,另一方面,大股东和 CEO 的自利行为的实现又具有依存性,他们之间表现出合谋或者合作行为。

然后,针对当前研究主要集中在单个企业的内部资本市场,很少站在整个公司集团层面分析集团内部资本市场的配置行为的事实,从终极控制人管理控制的角度,利用演化博弈理论构建理论模型,研究了公司集团内部大股东和管理者自利动机对内部资本配置行为的影响。研究结果表明,公司集团终极控制人通过"金字塔"结构超额控制上市公司,终极控制人和 CEO 出于自身利益的最大化目标,可以通过若干途径影响公司集团内部资本配置效率。在不同的管理环境下终极控制人有不同的最优管理体制。企业的产出效率、激励机制、集权程度、管理成本、CEO 的非现金偏好度都将影响内部资本配置的结果。

第6章　大股东控制下内部资本配置行为有效性实证检验

第4和第5章从大股东和小股东、大股东与其代理人利益冲突两个方面研究了大股东控制下的公司集团内部资本配置行为特征和影响因素。那么在实践中，我国公司集团内部资本市场资本配置行为是否存在，其资本配置效率如何，受什么因素影响呢？

本章拟在第2章文献综述、第3章制度背景和现状分析和第4、第5章理论分析的基础上，展开实证研究。拟解决三个问题：第一，检验我国公司集团内部是否存在活跃的内部资本市场；第二，如果存在，其资本配置效率如何？本书用现金流敏感法进行测度；第三，在对公司集团内部资本配置的超额价值（EV）进行计量的基础上，对公司集团内部资本配置价值创造的影响因素作实证检验。以期为优化我国公司集团内部资本配置行为，促进内部资本市场健康发展提供有益的经验证据。

6.1　样本说明与数据来源

国外关于内部资本市场资本配置的实证研究主要以"M"型企业为研究对象，利用企业集团分部或者业务单位的财务数据检验内部资本配置的效率问题。鉴于我国有关上市公司分部数据不属于强制性披露范围，本书使用一种替代方法来进行实证研究。自1999年，在中国资本市场上，出现"一控多"现象[135]，即一个最终控制者控制多家上市公司的现象。并且，人们习惯上把属于同一个最终控制者控制的多家上市公司称为"系"。在多家上市公司构成的整个"系"内部存在广泛的内部资本市场，而且上市公司数据可以公开获取，所以这种系族集团为我们研究内部资本市场中的资本配置行为提供了一个较好的分析样本。基于以上原因，本书以系族集团为研究样本。

本书选择 2008~2009 年沪深两市 A 股非金融上市公司为研究样本。借鉴 Claessens 等（2000）[172]的研究方法，根据上市公司的股权控制链信息，对所有上市公司的大股东、控股股东或实际控制人进行追溯，如果上市公司的大股东、控股股东或其实际控制人可以追溯到同一经济主体，那么这些上市公司就被定义为系族集团。系族集团中还存在非上市公司，但是由于非上市公司的数据通常无法从公开的途径获得，同时，相对于非上市公司来说，中国上市公司在集团内部的运作中具有明显的优势地位，而且按照惯例，对企业集团的研究通常都以集团内的上市公司作为研究对象（Khanna，2000）[7]。因此，本书以系族集团内的上市公司为研究对象。

同时本书删除：（1）一些变量为异常值和数据缺失的上市公司，以及金融类上市公司；（2）当年实际控制人发生改变的；（3）当年年末未正常交易的；（4）剔除终极股东控制权在 20% 以下的样本。最后共得到 102 个系族企业、296 家上市公司的数据，按照实际控制人的性质不同，划分为三类系族企业。其中，中央控制 43 个系，154 家上市公司；地方政府控制 31 个系，79 家上市公司；民营控制 28 个系，63 家上市公司。实证数据取自深圳国泰安（CSMAR）和北京色诺芬（CCER）的中国资本市场研究数据库。

6.2 公司集团内部资本市场的存在性

6.2.1 研究模型与变量定义

（1）研究模型。

内部资本市场存在性实证研究的目的是，检验在公司集团成员企业之间是否存在显著的资本配置行为，即成员企业的投资是否受其他成员企业现金流的影响。本书借鉴 Shin 和 Stulz（1998）[37]的模型，并结合我国系族集团的实际情况，构建如下修正模型，来检验我国公司集团是否存在活跃的内部资本市场。

$$\frac{I_{i,j}(t)}{TA_{i,j}(t-1)} = \beta_0 + \beta_1 \frac{C_{i,j}(t)}{TA_{i,j}(t-1)} + \beta_2 \frac{CON_{i,j}(t)}{TA_{i,j}(t-1)} + \beta_3 SALE_{i,j}(t-1) + \beta_4 Q_{i,j}(t-1) + \varepsilon_{i,j} \quad (6.1)$$

其中，$\frac{I_{i,j}(t)}{TA_{i,j}(t-1)}$ 表示上市公司 i 第 t-1 年到第 t 年的投资水平，$\frac{C_{i,j}(t)}{TA_{i,j}(t-1)}$ 表示上市公司 i 自有现金流量对其投资水平的影响，$\frac{CON_{i,j}(t)}{TA_{i,j}(t-1)}$ 表示系族内其他成员企业的现金流量对上市公司 i 投资水平的影响。如果 β_1 和 β_2 均显著为正，则表明成员公司 i 的投资水平同时受到自身经营现金流和系族内其他成员公司现金流的影响，即系族集团内部存在活跃的内部资本市场。

（2）变量定义与说明。

表6.1　　　　　　　　　　变量定义与描述

	变量名称	简称	变量描述
被解释变量	投资水平	$\frac{I_{i,j}(t)}{TA_j(t-1)}$	$I_{i,j}(t)$ 是第 t 年 j 系族集团 i 上市公司的购建固定资产、无形资产和其他长期资产所支付的现金。$TA_j(t-1)$ j 系族集团的第 t-1 年末的总资产的账面价值
解释变量	自由现金流量	$Q_{i,j}(t-1)$	j 系族集团的 i 上市公司第 t 年的经营活动现金流量净额
	系族其他成员企业自由现金流量	$CON_{i,j}(t)$	j 系族集团其他成员企业第 t 年经营活动现金流量净额（扣除 i 上市公司第 t 年的经营活动现金流量净额）
	系族总资产	$TA_j(t-1)$	j 系族集团的第 t-1 年末的总资产的账面价值
	销售收入增长率	$SALE_{i,j}(t-1)$	j 系族集团的 i 上市公司第 t-1 年的销售收入增长率
	托宾 Q	$Q_{i,j}(t-1)$	j 系族集团的 i 上市公司第 t-1 年的托宾 Q
控制变量	资产收益率	$R_{i,j}(t-1)$	j 系族集团的 i 上市公司第 t-1 年的总资产收益率
	资产负债率	$LEV_{i,j}(t-1)$	j 系族集团的 i 上市公司第 t-1 年的资产负债率
	多元化程度	N_j	第 j 系族集团的成员企业数
	年度	Year	以 2009 年为基准，当处于 2009 年度时为1，处于 2008 年时为0。

6.2.2 实证研究结果

(1) 描述性统计。

表 6.2 中的数据显示，各上市公司的投资水平均值为 0.029，标准差为 0.055，说明中国上市公司的投资规模较大，而且比较稳定。各上市公司的自有现金流的均值低于其投资水平，自有现金流均值占投资水平均值的比重仅为 58.62%，说明上市公司的自有现金流不能满足其投资的需要，也就是说，上市公司的投资水平不仅依赖自身现金流，而且可能依赖于系族集团内部其他成员公司的现金流。描述性统计表明系族集团内部存在活跃的内部资本市场。

表 6.2　　　　　　　　　　总样本描述性统计

变量指标	变量符号	最小值	最大值	均值	标准差
投资水平	$\dfrac{I_{i,j}(t)}{TA_j(t-1)}$	0.000002	0.420	0.029	0.055
自由现金流水平	$\dfrac{C_{i,j}(t)}{TA_j(t-1)}$	-0.450	0.458	0.017	0.057
其他成员企业自由现金水平	$\dfrac{CON_{i,j}(t)}{TA_j(t-1)}$	-0.450	0.458	0.030	0.067
托宾 Q	$Q_{i,j}(t-1)$	0.546	3.771	1.305	0.444
销售收入增长率	$SALE_{i,j}(t-1)$	-0.934	8.789	0.309	0.775
资产收益率	$R_{i,j}(t-1)$	-0.543	0.355	0.039	0.074
资产负债率	$LEV_{i,j}(t-1)$	0.060	1.534	0.525	0.185

(2) 内部资本市场存在性检验的回归结果。

由表 6.3 可见，上市公司自由现金流量水平的系数为 0.056，显著性水平为 10%，其他成员企业的自由现金流水平的系数为 0.014，并且显著性水平为 5%，表明系族集团上市公司的投资水平同时受到其自身的现金流和系族集团内其他上市公司的现金流的显著影响。因此，我国企业集团内部确实存在活跃的内部资本市场。资产负债率的系数也表明，我国系族集团没有依赖负债去投资，这可能是依赖于其他成员企业的现金流的原因，这也间接说明了系族集团内部存在活跃的内部资本运作。托宾 Q[①] 的符号与预期相反，这与大部分研究表明的在中国托宾 Q 不能真正反映公司价值的结论相一致。

表 6.3　　　　　内部资本市场存在性检验的回归结果

变量	预期符号	回归结果
$\dfrac{C_{i,j}(t)}{TA_j(t-1)}$	+	0.056 ** (0.038)
$\dfrac{CON_{i,j}(t)}{TA_j(t-1)}$	+	0.014 * (0.078)
$SALE_{i,j}(t-1)$	+	0.011 (0.899)
$Q_{i,j}(t-1)$	+	−0.04 (0.178)
$R_{i,j}(t-1)$	+	0.473 *** (0.008)
$LEV_{i,j}(t-1)$	−	−0.083 * (0.098)
Adj R^2	0.13	
F	3.35 **	

注：用 SPSS17.0 软件回归；括号里为 P 值；** 、* 分别表示 5% 和 10% 置信水平上显著。

6.3　公司集团内部资本配置的效率

（1）公司集团内部资本配置效率的测度模型。

系族集团内部资本市场配置效率是指内部资本市场配置的整体效率。由本书第 2 章可知，国外关于内部资本市场效率的度量一般有三种方法：

---

① 托宾 Q 的计算公式：Q =（每股价格×流通股份数 + 每股净资产×非流通股份数 + 长期负债 + 流动负债 − 流动资产）/总资产账面价值。

价值增加法、托宾 Q 敏感性法和现金流敏感性法。

本书选取现金流敏感系数法测度模型,理由是:托宾值受市场价值的影响,影响因素相当复杂,特别是在转型经济与新兴市场国家中,上市公司股票价格可能远远偏离其实际价值,以托宾 Q 作为投资机会的替代变量可能不合适,表 6.3 的结果也表明托宾 Q 不适用于中国资本市场。本书以系族集团为研究对象,将系族企业看成是仅由"系"内上市公司组成的企业集团,把"系"内上市公司的财务数据看作是分部数据,相关数据可以比较方便地从上市公司的公开报告中取得,因此,本书采用现金流敏感性法。其计算公式如下:

$$\text{CSI} = \sum_{j=1}^{n} \frac{\text{SS}_j}{\text{FS}} \times \left(\frac{\text{CF}_j}{\text{SS}_j} - \frac{\overline{\text{CF}}}{\overline{\text{FS}}} \right) \times \left[\left(\frac{\text{CE}}{\text{SS}} \right)_j - \left(\frac{\text{FE}}{\text{FS}} \right) \right] \quad (6.2)$$

其中,CF_j 为第 j 个上市公司的现金流,$\overline{\text{CF}}$ 为系族内上市公司现金流按其营业收入加权的平均值,$\overline{\text{FS}}$ 为系族内上市公司营业收入的均值,SS_j 为第 j 个上市公司的营业收入,FS 为系族内上市公司的总营业收入,CE 为上市公司的资本支出,FE 为系族内上市公司总的资本支出。$\left(\frac{\text{CF}_j}{\text{SS}_j} - \frac{\overline{\text{CF}}}{\overline{\text{FS}}} \right)$ 反映 j 分部回报率与平均回报率的差,$\left(\frac{\text{CE}}{\text{SS}} \right)_j - \left(\frac{\text{FE}}{\text{FS}} \right)$ 反映 j 分部获得的投资与平均投资的差,CSI 为某个系族所有上市公司敏感性现金流之和,若 CSI 大于零,则说明 j 分部回报率和平均回报率的差与 j 分部获得的投资和平均投资的差同号,即整个系族内部资本市场有效,反之,则无效。

(2) 内部资本配置效率的测度结果与分析。

本书利用式(6.2)计算各个系族集团 2008 年和 2009 年的内部资本市场配置效率,具体结果见表 6.4、表 6.5 和表 6.6。

表 6.4　　中央国有系族集团内部资本配置效率

系族集团	股票代码	2008年现金流敏感系数	2009年现金流敏感系数	系族集团	股票代码	2008年现金流敏感系数	2009年现金流敏感系数
电信系	000851	0.000002	-0.000402	国家电力系	000966	0.017720	0.027100
	600198	-0.000009	0.000157		600795	-0.006521	-0.002735
		-0.000006	-0.000245			0.011199	0.024364
国投系	600886	-0.002638	-0.002411	中国交通建设集团	600263	0.003208	0.002118
	600962	0.007872	0.005075		600320	-0.000987	-0.000596
		0.005234	0.002664			0.002221	0.001522
华联系	000018	0.000669	0.027768	蓝星系	000598	-0.000642	-0.000200
	000036	0.000055	-0.013329		000838	0.000105	-0.000080
		0.000723	0.014440			-0.000537	-0.000280
中国中钢集团	000928	0.000274	0.000490	南车系	000920	0.000088	0.000089
	002057	0.000074	-0.000370		600458	0.000069	0.000083
		0.000348	0.000119			0.000157	0.000172
农业发展集团	000798	-0.003344	-0.027154	中海系	600026	0.034923	0.003855
	600195	0.003247	0.005328		600896	-0.042836	-0.005810
		-0.000097	-0.021826			-0.007913	-0.001955
东风系	600006	-0.000172	-0.000016	中远系	000039	0.000329	-0.000013
	600081	0.000193	0.000045		600428	0.000591	-0.000056
		0.000021	0.000029			0.000920	-0.000068
中信系	000099	-0.000132	-0.000316				
	000839	-0.000392	-0.000546				
		-0.000524	-0.000862				
航空系	000738	-0.000010	0.000245	航天科技集团	600151	-0.002653	-0.001063
	000768	-0.000074	0.001588		600343	0.000000	0.000421
	600178	-0.000673	-0.000266		600879	-0.000066	-0.000094
	600038	0.000096	0.000477		600118	0.001211	0.001094
	600316	-0.000023	-0.000264			-0.001508	0.000357

续表

系族集团	股票代码	2008年现金流敏感系数	2009年现金流敏感系数	系族集团	股票代码	2008年现金流敏感系数	2009年现金流敏感系数
航空系	600372	-0.004354	0.002810	宝钢系	600019	-0.001119	-0.001683
	600391	0.001753	0.000135		600581	0.001244	0.002320
	600523	-0.000056	0.000027		600845	0.000217	0.000165
	600765	-0.000032	0.000574			0.000342	0.000801
		-0.003374	0.005326				
大唐系	600236	0.010941	0.003523	华谊系	600618	0.000197	-0.000487
	600744	0.005027	0.014677		600623	0.000320	-0.000434
	601991	-0.023381	-0.013245		600636	0.000022	-0.000031
		-0.007413	0.004955			0.000538	-0.000953
普天系	002017	0.000034	-0.000197	中航系	000026	0.001626	-0.001365
	600680	-0.000032	-0.001776		000043	-0.000594	0.000535
	600776	0.000254	0.000001		000050	-0.012792	-0.001694
		0.000256	-0.001972			-0.011760	-0.002524
长城系	000021	0.001915	0.000011	中船系	600072	-0.000936	0.000573
	000066	-0.002943	0.000054		600150	-0.000857	-0.003870
	000748	0.000021	0.000084		600685	0.000799	0.004405
		-0.001007	0.000148			-0.007413	0.001108
医药系	000028	-0.000017	0.000166	中国中材集团	002080	0.000445	0.000670
	000538	0.000032	0.000490		600970	0.001004	0.002620
	600511	0.000007	0.000000		000877	0.000613	0.001811
		0.000022	0.000655			0.002062	0.005100
建材系	000786	0.005693	0.010758	中粮系	000031	0.001346	-0.000431
	002066	0.000967	0.004052		000930	0.001263	0.001790
	600176	-0.000056	-0.007557		600737	0.000070	0.001181
		0.006604	0.007253			0.002678	0.002541

续表

系族集团	股票代码	2008年现金流敏感系数	2009年现金流敏感系数	系族集团	股票代码	2008年现金流敏感系数	2009年现金流敏感系数
华润系	000002	0.001830	0.001081	华源系	600062	0.000100	0.000470
	000423	-0.000394	-0.000835		600094	-0.002253	0.006212
	000597	0.000185	-0.000918		600842	0.000117	0.000006
	600055	0.000076	-0.000016		600849	0.000312	0.000463
	000810	-0.001792	-0.000058		600757	0.000018	0.000489
		-0.000093	-0.000745			-0.001707	0.007640
一汽系	000800	0.000016	-0.000107	中国机械工业集团	002046	-0.000041	-0.000478
	000927	-0.000065	-0.000182		002051	0.002457	-0.002570
	600742	0.000102	0.000214		600335	0.005723	0.002907
		0.000053	-0.000074			0.008139	-0.000141
中电投系	000767	0.002669	0.000544	石化系	000554	0.000047	0.000140
	000875	0.002268	0.000110		600028	-0.000847	-0.004623
	600021	-0.014118	0.001126		600688	0.000605	0.006587
	600292	0.014980	-0.007354		600871	0.000317	0.002161
		0.005798	-0.005574			0.000121	0.004265
招商系	000022	-0.009340	-0.003428	清华系	000590	-0.000008	0.000020
	000024	0.009446	0.005634		000938	0.000143	0.000581
	000916	0.000097	-0.001329		000990	0.000208	0.000500
	601872	-0.001619	-0.002385		600100	-0.000265	-0.000689
		-0.001417	-0.001509			0.000078	0.000412
华电系	002039	-0.000194	0.005639	电网系	600101	0.000371	-0.013369
	600027	-0.004927	0.000145		600131	-0.001474	0.004343
	600268	0.010417	-0.000059		600505	-0.000247	-0.002506
	600726	-0.002919	-0.000046		600644	0.001083	0.006791
		0.002377	0.005680			-0.000268	-0.004742

续表

系族集团	股票代码	2008年现金流敏感系数	2009年现金流敏感系数	系族集团	股票代码	2008年现金流敏感系数	2009年现金流敏感系数
化工系	000553	0.000053	-0.000002	兵工系	000065	-0.000146	0.002286
	000698	0.000443	-0.000233		600184	0.000013	0.001068
	000953	0.000033	0.000461		600148	0.000054	0.000621
	600179	0.000353	0.000640		600262	0.000070	0.003666
	600230	-0.000241	0.000195		600967	-0.000336	0.004581
	600299	-0.000142	-0.000728		600435	-0.000002	0.000024
	600378	0.000140	-0.000109		600480	0.000009	0.001706
	600469	0.002520	0.001734		600495	0.000010	0.002457
	002092	-0.000232	0.000488		000059	-0.000008	-0.001781
	600579	0.000420	0.002107		600877	0.000314	0.008554
	600882	-0.000044	0.000250			-0.000022	0.023184
		0.003303	0.004804				
石油系	000617	0.001247	0.000127	攀钢系	000629	-0.001325	-0.000311
	000819	0.001281	0.000519		000515	0.000275	-0.000044
	000852	0.000441	0.000308		000569	0.001872	0.001282
		0.002970	0.000954			0.000821	0.000927
航天科工	600271	-0.000191	0.000430	电子系	000032	-0.000241	-0.000047
	600501	-0.000614	-0.000349		600057	0.000592	0.002823
	002025	-0.000234	-0.000135		600171	0.000179	0.000234
	600677	0.000120	-0.000024		600536	-0.000486	0.000855
	600855	0.000020	0.000051		600764	-0.001103	-0.000385
	000063	0.002244	0.000191		600775	0.000804	0.000225
	000901	-0.000187	0.000031			-0.000254	0.003705
		0.001158	0.000196				

表 6.5　　　　　　　　　地方国有系族集团内部资本配置效率

系族集团	股票代码	2008年现金流敏感系数	2009年现金流敏感系数	系族集团	股票代码	2008年现金流敏感系数	2009年现金流敏感系数
爱建系	600643	0.001254	-0.000036	赛格系	000058	0.000016	-0.000106
	600746	0.001015	-0.000031		000068	-0.000019	0.000054
		0.002269	-0.000068			-0.000004	-0.000052
包钢系	600111	-0.000178	-0.000059	华侨系	000069	0.096752	0.053364
	600010	-0.000451	0.000270		000016	0.005830	0.007412
		-0.000629	0.000211			0.102581	0.060776
福马系	600099	0.000038	0.000068	深特发系	000025	0.000271	0.000383
	600710	-0.000114	-0.000123		000070	0.000141	0.000312
		-0.000076	-0.000055			0.000411	0.000696
莱钢系	600102	-0.001115	-0.000115	华天系	000428	-0.006255	-0.006328
	600784	0.000260	0.000079		000519	0.065665	0.005224
		-0.000855	-0.000036			0.059410	-0.001105
江淮系	000868	0.000078	0.000122	燕京系	000729	-0.000371	-0.001480
	600418	-0.000087	-0.000103		600573	0.000425	0.001276
		-0.000009	0.000020			0.000054	-0.000204
广药系	000522	-0.000112	0.000440	仪电系	600651	-0.000050	0.000257
	600332	0.001164	0.000158		600654	-0.000046	0.000314
		0.001052	0.000597			-0.000096	0.000571
哈药系	600664	-0.000051	-0.000099	上地系	600606	0.004650	0.002219
	600829	0.000011	0.000074		600675	0.000261	0.005966
		-0.000040	-0.000025			0.004911	0.008185
海航系	000564	-0.000148	-0.000890	云锡系	000960	0.000014	-0.000031
	000796	-0.000319	-0.001800		600459	-0.000231	0.000254
		-0.000467	-0.002690			-0.000217	0.000222
海螺系	000619	0.008928	0.000981	云冶系	000807	0.000289	0.000103
	600585	-0.002689	-0.001882		600497	0.000370	0.000160
		0.006239	-0.000901			0.000659	0.000263

续表

系族集团	股票代码	2008年现金流敏感系数	2009年现金流敏感系数	系族集团	股票代码	2008年现金流敏感系数	2009年现金流敏感系数
华晨系	600609	0.000017	0.001371	西旅系	000610	0.000271	-0.000401
	600653	0.000016	0.001661		000721	0.000624	0.000057
		0.000033	0.003032			0.000895	-0.000344
江中系	600053	-0.000377	-0.000522	京能系	600578	0.006049	-0.011227
	600750	-0.000233	-0.000110		600791	-0.008757	-0.002355
		-0.000610	-0.000632			-0.002709	-0.013582
泰达系	000606	-0.001105	0.001487	太极系	000591	0.000233	0.000063
	000652	0.004434	-0.003894		600129	0.000004	0.000002
	000897	0.014117	0.007787		600666	0.000017	-0.000018
		0.017446	0.005379			0.000254	0.000047
云天化系	002053	0.006725	0.006482	纺织系	600626	0.000064	0.000001
	600096	-0.008858	-0.008007		600630	0.000000	0.000030
	600792	0.020857	0.012521		600689	0.000584	-0.000038
		0.018725	0.010997			0.000648	-0.000007
首创系	600008	-0.001703	-0.006570	深建设系	000042	-0.000287	0.000051
	600733	0.011438	0.006426		000029	-0.000008	-0.000092
	600857	0.124084	0.047130		000090	0.000835	0.000131
		0.133819	0.046985		000006	0.000059	-0.000181
光明系	600073	-0.000383	0.000060		000023	0.000008	0.000148
	600597	0.000641	0.000639		000014	-0.000248	-0.000114
	600616	0.000626	-0.000126		000011	-0.000441	0.000025
	600708	0.003132	0.002787			-0.000081	-0.000032
		0.004016	0.003360		600604	-0.012149	-0.000033
百联系	600631	0.001660	0.000530	电气系	600619	0.000236	-0.000630
	600822	0.001182	0.000738		600835	0.001021	0.000653
	600827	-0.000039	0.000155		600848	0.000326	0.000083
	600833	0.000002	0.000001		600841	0.000526	-0.000786
		0.002804	0.001424			-0.010040	-0.000712

表6.6　　　　　　　　民营系族集团内部资本配置效率

系族集团	股票代码	2008年现金流敏感系数	2009年现金流敏感系数	系族集团	股票代码	2008年现金流敏感系数	2009年现金流敏感系数
敖东系	000623	-0.007902	-0.014574	飞尚系	600255	0.000336	0.000333
	000776	0.016839	0.022371		600575	0.003989	0.009587
		0.008937	0.007797			0.004325	0.009921
甘肃农垦集团	600543	-0.002093	0.001423	双良系	000584	0.004459	0.000333
	600108	0.001212	0.004426		600481	0.001299	0.009587
		-0.000881	0.005849			0.005758	0.009921
宝安系	000009	0.003349	0.003017	金鹰系	600232	-0.000123	0.000828
	600993	0.001352	-0.003321		600682	-0.000117	0.000313
		0.004701	-0.000305			-0.000240	0.001141
传化系	002010	0.000697	0.003266	杉杉系	600110	0.001369	0.004100
	600596	-0.000762	-0.000897		600884	0.000724	0.005791
		-0.000065	0.002369			0.002093	0.009891
东银系	000816	0.000392	-0.000789	特变电工系	600089	0.000006	-0.000160
	600565	-0.001206	-0.001490		600888	0.000004	-0.000005
		-0.000815	-0.002280			0.000011	-0.000166
凯迪系	000939	0.012655	0.008269	太太系	000513	0.003902	-0.000063
	600133	-0.023172	-0.010143		600380	0.001064	-0.000071
		-0.010517	-0.001874			0.004966	-0.000133
鲁能系	000537	0.003678	0.000062	泰跃系	000637	-0.000251	-0.000016
	000602	0.003831	0.000055		600265	-0.001148	-0.000091
		0.007510	0.000117			-0.001399	-0.000107
明天系	600091	-0.002149	-0.193521	新湖系	600095	-0.000037	0.005466
	600291	-0.003037	-0.032143		600208	0.000018	-0.007810
		-0.005187	-0.225664			-0.000020	-0.002344
南方同正系	000566	0.000000	0.001445	银河系	000806	0.007748	0.013229
	600847	0.000000	-0.006679		600112	0.000864	-0.006292
		0.000000	-0.005233			0.008613	0.006938

续表

系族集团	股票代码	2008年现金流敏感系数	2009年现金流敏感系数	系族集团	股票代码	2008年现金流敏感系数	2009年现金流敏感系数
雅戈尔系	002036	0.023584	0.001494	远大系	000626	-0.000470	0.000127
	600177	-0.033511	-0.001251		000963	-0.000253	0.000077
		-0.009927	0.000243			-0.000723	0.000204
紫江系	002058	0.000177	0.000692	北大系	000788	0.000570	0.000020
	600210	-0.000072	-0.000871		600601	-0.000128	0.001602
		0.000105	-0.000180			0.000441	0.001622
青鸟系	600657	0.000001	-0.000819	精工系	002006	-0.000382	-0.001849
	600076	0.000987	0.004075		600496	0.000284	0.000393
		0.000987	0.003255			-0.000098	-0.001456
横店系	000739	0.000053	-0.002037	万向系	000559	-0.000683	-0.003393
	000795	-0.000211	0.001741		000848	0.000527	0.001805
	600673	-0.000449	0.000042		600371	-0.000355	0.000192
		-0.000607	-0.000180			-0.000511	-0.001397
复星系	600196	0.000753	0.002439	华立系	000607	-0.008124	0.000853
	600282	0.004291	0.001602		600422	-0.020193	-0.000083
	600285	-0.000034	0.000005		600976	-0.006667	-0.000154
	600488	-0.000598	0.000488		600097	0.005812	0.003236
	600655	-0.000114	-0.000051			-0.029172	0.003852
		0.004298	0.004484				

依据表6.4、表6.5和表6.6整理分析系族集团内部资本配置效率（见表6.7）。可以看出，从2008年全样本来看，有55.89%的系族企业内部资本市场是有效率的，但从子样本来看，中央国有和地方国有系族企业集团的内部资本配置效率比例较高，分别有60.47%和58.06%的集团有效率，而仅有46.43%的民营系族企业是有效的；2009年全样本中有效率的系族集团的比例为51.96%，其中，有效配置的中央国有、地方国有系族企业

集团和民营系族集团的比例分别为58.14%、51.62%、42.86%；从2008年和2009年两年的混合数据来看，得到类似的结论。表6.5的数据显示，只有大约一半的系族企业的内部资本市场是有效率的，这表明，从整体上看，我国系族集团内部资本配置效率不高，内部资本市场的信息优势和节省交易成本优势远没有发挥出来，同时民营系族集团的配置效率要远低于国有系族集团。这印证了本书第4章和第5章的结论，即由于大股东（终极控制人）的性质不同和控制权私利的追求，在不同的管理环境下，公司集团内部资本配置可能表现出有效、无效的不同形式。本节和上节也证明了我国公司集团内部存在频繁的资本重新配置的行为，但是该配置行为可能被异化，资本配置的目的可能并不是实现公司集团的整体价值最大化，而是追求大股东自身利益最大化。

（3）稳健性检验。

同时，为了保证测度结果的稳健性，本书依据表6.4、表6.5和表6.6，对单个成员企业的配置效率进行分析，结果与系族集团整体配置效率结果基本一致（过程省略）。

表6.7　　　　　系族企业集团内部资本配置效率测度

2008年	全样本	三个子样本		
		中 央	地 方	民 营
有效率	55.89%	60.47%	58.06%	46.43%
无效率	44.11%	39.53%	41.94%	53.57%
2009年	全样本	三个子样本		
		中 央	地 方	民 营
有效率	51.96%	58.14%	51.62%	42.86%
无效率	48.04%	41.86%	48.38%	57.14%
混合年度	全样本	三个子样本		
		中 央	地 方	民 营
有效率	53.92%	59.30%	54.84%	44.64%
无效率	46.08%	40.70%	45.16%	55.36%

6.4 大股东控制下公司集团内部资本
配置经济后果的影响因素

根据第4章和第5章的内部资本市场资本配置行为的理论模型分析可知,在中国外部市场不发达、投资者权益法律保护薄弱和政府干预的制度环境下,中国公司集团内部资本市场的主要代理问题表现为所有权代理问题主导下的双层代理问题,其中,大小股东之间的代理问题成为最主要的利益冲突根源。因此,内部资本配置行为主要受公司的内外治理机制、大股东的股权结构和控制特征、管理者激励程度等因素的影响。

下面构建多元回归模型,对公司集团内部资本配置创造的超额价值的影响因素进行回归分析,来验证上述观点。

6.4.1 研究假设

前面的研究表明,在股权集中和大股东控制的中国上市公司里,所有权层面的代理问题,即大股东与中小股东的利益冲突更为突出。本书将股东控制权和现金流的差异程度作为测度大股东与中小股东代理问题。控制权和现金流权差异程度=股东控制权-股东现金流权。差异程度越小,表示大股东与公司的实际利益联系更为紧密,大股东通过内部资本市场侵占公司的可能性越小,反之则反之。当内部资本市场被沦为大股东利益输送的渠道时,内部资本市场配置效率一定是低的。因此,本书提出如下假设:

假设1:控制权和现金流权的差异程度与内部资本市场效率成反比,从而与集团企业价值成反比。

一般意义上,管理层持股具有两种效应:利益一致效应和管理堑壕效应(Managerial Entrenchment)。随着管理层持股比例增加,股东与管理层之间代理成本将降低,此为利益一致效应(Jensen 和 Meckling,1976)[173]。

但管理层持股比例超过某一水平，管理层自利行为加大，此为管理堑壕效应。由于现阶段我国上市公司管理层持股比例和管理层持股的公司比例都普遍较低，而且经理的激励约束机制还远不健全，因此，上市公司经理持股应主要表现为利益一致效应。Scharsfetni 和 Setin（2000）[26]也认为，当经理所持股权比例高时，企业投资行为更有效，当经理所持股权比例小时，更容易出现低效的投资行为。同理，在中国公司集团内部资本配置活动中，在大股东与中小股东代理问题占主导地位的集团里，经理持股比例越高，其利益与内部资本市场效率一致性越高，经理人越有动机阻止大股东对中小股东利益的侵占行为。因此，本书提出如下假设：

假设2：管理层持股比例越低，内部资本配置决策越容易偏离集团企业价值最大化目标。

中国目前公司控制权市场和经理人市场还不够成熟，仍然处于初级阶段，债务市场相对缺乏，债权的治理作用不明显，因此，目前中国外部治理机制作用还很有限，公司内部治理机制成为解决代理问题主要手段。本书第4、第5章的研究也表明，健全的内部治理机制对于解决管理层代理问题和大股东与中小股东之间的代理问题，具有十分重要的作用。因此，企业内部治理机制与内部资本市场正相关。内部治理机制的健全与所有权结构、董事会结构等方面密不可分。作为保护中小股东利益的一种制度安排，外部独立董事在董事会中占的比例越高，大股东通过内部资本市场运作，来侵害中小股东利益的可能性越小，从而内部资本配置的效率就越高。第一股东持股比例直接决定控制权和现金流权分离系数的高低。一般来说，大股东持股比例越大，控制权和现金流权分离系数越小，分离系数越小则意味着大股东通过内部资本市场掏空公司的可能性越小，因而内部资本市场就越有效率。因此，我们提出如下假设：

假设3：第一大股东持股比例、独立董事比例与内部资本配置效率成正比。

关于企业多元化程度与内部资本市场效率关系问题上，相关研究结论存在较大的分歧。Stein（1997）[20]认为企业集团部门业务的相关性越强，集团总部在分配资源时出现错误的可能性越小，内部资本市场越表现出高效配置。与之相反，Wulf（2002）[53]认为部门业务相关性越强，部门经理越有可能通过"寻租"活动，扭曲信息传递，致使内部资本市场出现低效配置问题。Rajna，Servaes 和 Zingales（2000）[38]认为多元化程度越高，部门投资机会差别越大，CEO 在进行内部资本配置时，可能通过扭曲资源配置来减少部门经理的"寻租"活动，从而导致内部资本低效配置。本书采用成员企业个数替代多元化程度，并且认为成员企业个数越多，系族越庞大时，系族集团越可能利用"金字塔"复杂的结构掏空上市公司，越有可能导致内部资本市场的无效率。因此，我们提出如下假设：

假设4：成员企业个数和系族集团规模导致内部资本市场低效率。

6.4.2 研究设计

（1）研究模型及变量定义。

本部分沿用上述系族集团样本，以 2010 年为研究年度，站在终极控制人的角度，把系族集团作为一个整体进行研究，分析整个系族的内部资本配置超额价值的影响因素。其研究模型如下：

$$EV = \alpha + \beta_1 Sep + \beta_2 First + \beta_3 Mshare + \beta_4 E + \beta_5 Num + \beta_6 Size + \varepsilon \quad (6.3)$$

其中，EV 是系族的超额价值，Sep 是终极控制人对上市成员企业控制权与现金流权的差异度，First 是终极控制人对上市成员企业的持股比例，Mshare 是对上市成员企业管理层持股比例，E 是独立董事占董事会人数的比例，Num 是系族成员企业的个数，Size 是规模控制变量，是整个系族成员企业的资产规模之和。鉴于本书是站在终极控制人的角度研究系族超额价值的影响因素，而且每个系族有 2 个及以上成员企业，笔者对上市公司的数据做如下处理：把 Sep、First 和 Mshare 按系属上市公司的股本总额作加权平均处理得到整个系族的相应值；独立董事比例用系属上市公司成员企业独立董事人数之和除以董事会人数之和。变量定义具体见表 6.8。

表6.8 变量定义与描述

变量名称	简称	变量描述
超额价值	EV	系族的超额价值
控制权与现金流权分离的差异程度	Sep	系族终极控制人的最终控制权与现金流权之差，该值越大，表明分离度越大
第一大股东持股比例	First	系族终极控制人持股比例
高管持股比例	Mshare	系族高级管理人员的持股比例
独立董事比例	E	系族独立董事人数占董事会的比例
多元化程度	Num	系族集团的成员企业个数
企业规模	Size	年末系族总资产账面价值的自然对数

（2）EV（超额价值）的计算。

就企业价值的计量而言，西方的实证研究都一般采用托宾Q值。国内少数研究用市净率表示企业价值。这两个指标均与市场价值有关，但是，由于我国新兴市场的不完备性，上市公司股票价格常常远远偏离其实际价值，致使托宾Q值和市净值都不能很好地反映企业价值。而且，对多元化企业价值研究也不能简单地将多元化企业和专业化企业价值进行直接对比，需要测度多元化企业相对于单分部企业的相对价值，即超额价值①。我们采用Rajan等（2000）[38]的研究方法，其计算公式为：

$$EV = \frac{MV_d}{RVA_d} - \sum_{j=1}^{n} q_j \frac{BA_j}{BA_d} \tag{6.4}$$

其中，MV是多元化企业年末资产的市场价值，本书用系属上市公司的年末资产市场价值之和替代；RVA是多元化企业资产的重置价值，本书用系属上市公司的年末资产账面价值之和替代；q_j是与多元化企业分部 j 具有相同三位标准产业代码的独立企业的加权平均托宾 q（以年末资产为权数）；BA为资产的账面价值。

EV的计算过程和结果见表6.9、表6.10和表6.11。从表6.9可以看出，102个系族集团的296家上市公司，主要分布于制造业，占174家

---

① 超额价值一般是指多元化企业的市场价值减去多元化企业分部具有相同标准产业的相应的专业化企业（独立企业）的组合市场价值的差。

（58.78%）这与本书第3章的制度背景分析相一致，主要由于我国企业集团主要脱胎于国有制造企业有关。从表6.10可以看出，系属上市公司所在行业的托宾Q均值。表6.11表示系族集团超额价值。EV值整体表明，系族的超额价值普遍偏低，53.4%的系族的EV为负值，表明我国公司集团内部资本配置的无效性，与前面内部资本配置效率的结果基本一致。

表6.9　　　　　　　系族上市公司的行业（CSRC）分布

行业	公司数目	行业	数目	行业	数目
A01	1	C65	7	G	1
A03	1	C67	5	G81	11
A07	3	C69	1	G83	6
B03	1	C7	2	G85	2
B07	1	C71	7	G87	5
C0	1	C73	13	H	3
C01	7	C75	27	H01	1
C03	2	C76	7	H03	1
C05	2	C78	6	H11	5
C11	7	C8	3	H21	1
C13	5	C81	27	I31	1
C41	4	C99	5	J01	12
C43	21	D	2	K	2
C47	2	D01	18	K01	3
C48	3	E	2	K30	1
C49	2	E01	4	K34	2
C51	6	F07	4	M	12
C55	2	F09	1		
C61	12	F11	5		

表6.10　　　　　　　系族公司所在行业的托宾Q均值

行业	托宾Q	行业	托宾Q	行业	托宾Q
A01	1.8259	C65	1.2354	G	1.647
A03	1.7827	C67	1.8223	G81	1.9863

续表

行业	托宾Q	行业	托宾Q	行业	托宾Q
A07	2.2541	C69	1.4356	G83	2.1533
B03	1.2445	C7	3.519	G85	0.7875
B07	2.3062	C71	1.8154	G87	2.1276
C0	5.1019	C73	1.6421	H	2.1643
C01	2.3514	C75	3.2949	H01	1.6104
C03	0.735	C76	1.7562	H03	1.8533
C05	2.4591	C78	2.0546	H11	2.0502
C11	1.7548	C8	2.3814	H21	1.6929
C13	1.6208	C81	2.4572	I31	3.8704
C41	1.8871	C99	1.9153	J01	1.4966
C43	0.0735	D	1.2858	K	1.3979
C47	1.8746	D01	1.2929	K01	1.5211
C48	1.6693	E	1.3769	K30	2.1626
C49	1.7321	E01	1.1825	K34	2.1991
C51	1.806	F07	1.4138	M	2.0032
C55	1.4915	F09	1.7297		
C61	1.8336	F11	1.4577		

表6.11　　　　系族集团超额价值（EV）的计算

系族集团	EV	系族集团	EV	系族集团	EV
电信系	0.41629	中粮系	0.46211	华晨系	-0.60018
国家电力系	-0.10955	石油系	0.29753	华侨系	0.01098
国投系	-0.07861	攀钢系	0.34981	深特发系	0.06548
中国交通建设	-0.38026	一汽系	-1.07571	华天系	0.18768
华联系	0.75671	中国机械工业	0.10484	江淮系	-1.4999
中国华能集团	-0.15617	中电投系	-0.09356	江中系	0.16747
蓝星系	1.64084	石化系	0.12955	京能系	-0.15286
中国中钢集团	-0.21194	招商系	-0.12448	燕京系	-0.991
南车系	-0.26712	清华系	-0.62615	仪电系	1.22761
中国农业集团	-0.13121	华电系	-0.21052	上地系	0.26737

续表

系族集团	EV	系族集团	EV	系族集团	EV
中海系	0.50749	电网系	0.67942	云锡系	0.39102
东风系	-1.99695	航天科技集团	-0.3499	云治系	0.22433
中远系	0.23925	化工系	0.93747	西旅系	-0.25067
中信系	0.23137	兵工系	-0.52274	泰达系	0.82839
宝钢系	-0.09403	航天科工	-0.10664	云天化系	0.75382
电子系	-0.07998	华润系	0.17988	首创系	-0.09868
航空系	-1.49513	华源系	-0.60102	太极系	-1.05287
大唐系	-0.02942	爱建系	0.53932	纺织系	-0.03791
华谊系	0.80517	包钢系	0.02723	光明系	0.30008
普天系	0.02171	福马系	-0.09955	百联系	-0.78205
中航系	-0.65519	莱钢系	-0.14008	电气系	-1.63459
长城系	0.00025	赛格系	0.2116	深建设系	0.12173
中船系	-0.63415	广药系	-0.4321	敖东系	1.98172
医药系	0.755	哈药系	-0.22068	甘肃农垦	0.14037
中国中材集团	-0.08729	海航系	-0.17502	宝安系	0.04504
建材系	0.73091	海螺系	-0.02838	传化系	2.3928

6.4.3 实证结果与分析

（1）描述性统计表。

表 6.12 中的数据显示，各系族的 EV（超额价值）均值为 -0.049，标准差为 0.765，说明系族集团内部资本配置价值创造为负，从整体上看，系族集团内部资本配置是无效的；按股本总额作加权平均处理的系族终极控制人两权差异程度较大，第一大股东持股比例较高，表明我国系族集团股权集中度和两权分离程度大，存在大股东超额控制的现象；高管人员持股比例较小，表明管理层持股激励在系族集团中没有被广泛应用；系族集团成员企业数平均为 2.88 个，而且总资产规模较大，表明我国系族集团规模较大。

表 6.12　　　　　　　　　　描述性统计

	N	最小值	最大值	均值	标准误
EV（超额价值）	103	-1.997	2.393	-0.049	0.765
两权分离度（%）	103	0.000	26.421	7.600	7.838
第一大股东持股比例	103	10.045	72.847	38.637	13.538
高管人员持股比例	103	0.000	0.147	0.002	0.015
独立董事占董事会比例	103	0.286	0.956	0.475	0.108
07 总资产的自然对数	103	20.480	27.357	23.157	1.183
企业个数	103	2.000	11.000	2.880	1.586

（2）回归结果分析。

实证研究结果如表 6.13 所示。①从多元回归结果看，系族集团的超额价值与第一大股东持股比例正相关，与控制权和现金流权分离差异程度负相关，而且通过 5% 显著性水平检验，这表明，一方面系族最终控制者在上市公司中持股权益比例增加时，通过提高集团整体资本配置效率来增加集团整体价值，从而使自身利益最大化；另一方面，当控制权和现金流权分离差异程度增加时，终极控股股东可能出于控制权私利动机，利用内部资本市场剥夺中小股东利益，此时，公司集团内部资本配置被沦为利益输送的场所。②集团超额价值与高层管理持股比例正相关，但相关性没有通过显著性水平检验，主要原因是系族集团管理层代理问题不是主要的，这符合内部资本市场主要代理问题为大小股东之间利益冲突的事实。在我国系族集团中上市公司高管持股比例普遍较低，零持股现象严重，导致高层管理者在内部资本市场资本配置活动中的作用比较有限。这说明目前我国系族集团高管薪酬激励的有限性，以及长期股权激励机制还没有真正建立。这与王辉（2011）[174]的研究结论基本相似。③企业超额价值与外部独立董事比例正相关，但并不显著。这表明系属上市公司独立董事作用没有有效发挥，治理作用并不明显。独立董事制度是中国在借鉴西方经验，而建立的一种保护中小股东利益不受侵害制度。然而实践证明，独立董事在维护中小股东利益方面并没有发挥好有效作用，由于独立董事的产生主要由控股股东决定、其报酬有其所在上市公司支付等原因，独立董事制度在公司治理中还没有发挥应有的作用。④企业超额价值与上市公司数量和系族集团规模呈负相关,这表明同系族集团的上市公司数量越多、总资产规模越大,系族集团整体价值越低。对此,本书认为,成员企业数量越大、总资产规模越大(即多样化程度大),大股东进行内部资本市场运作的空间越大,经理层"寻租"的空间也越大,降低了内部资本市场的效率,企业价值贬值越大。这与季皓(2011)[175]关于中央企业上市公司规模与内部资本市场效率存在负相关性的研究结论基本一致。

表 6.13　　　　　　内部资本市场配置效率影响因素的回归

变量	预期符号	回归结果
Constant		0.078** (1.120)
Sep	−	−0.322** (3.420)
First	+	0.013** (1.845)
E	+	0.045 (1.587)
Mshare	+	0.301 (1.745)
Num	−	−0.002 (0.655)
Size	−	−0.022 (−0.801)
AdjR^2	0.15	
F	4.52**	

注:**、*分别表示5%和10%的置信水平上显著。

本章小结

本章针对理论研究的结论,从三个递进层次对我国公司集团内部资本市场资本配置行为有效性进行实证研究,即我国公司集团是否存在活跃的内部资本市场;如果存在,其资本配置效率又如何;公司集团内部资本配置行为经济后果的影响因素有哪些。

实证结果表明:(1)内部资本市场存在性的实证研究表明,我国公司集团存在活跃的内部资本市场,系族企业中单个企业的投资资金不仅来源于其自有现金,同时受系族企业其他成员企业资金的影响。(2)就内部资本配置效率而言,本书采用现金流敏感系数法测度模型进行测度,计算表明,我国公司集团内部资本配置效率整体不高,只有大约一半的系族集团的内部资本市场有效率,内部资本市场的信息优势和节省交易成本优势远没有发挥出来,同时国有系族集团的内部资本配置效率要高于民营系族集团。在不同的管理环境下,公司集团内部资本配置可能表现出有效、无效的不同形式。这证明了我国公司集团内部存在频繁的资本重新配置的行为,但是该配置行为可能被异化,资本配置的目的可能并不是实现公司集团的整体价值最大化,而是追求大股东自身利益最大化。(3)在对公司集团内部资本市场资本配置价值创造(EV)进行计量的基础上,对公司集团内部资本配置的影响因素做实证检验。EV的计算结果表明,系族集团的超额价值普遍偏低,53.4%的系族的EV为负值,说明我国公司集团内部资本配置的无效性。以EV为被解释变量的内部资本配置行为经济后果的影响因素的多元线性回归实证研究结果表明,系族集团的超额价值与第一大股东持股比例正相关,与控制权和现金流权分离差异程度负相关,而且通过5%显著性水平检验;与高层管理持股比例正相关,但相关性没有通过显著性水平检验;与外部独立董事比例正相关,但相关性并不显著;与业务相关性和系族集团规模呈负相关。

第7章 大股东机会主义内部资本配置行为的监管

经过第4、第5章的理论模型分析和第6章的实证检验,本书发现,公司集团内部资本市场功能常常被异化,在内部资本配置中大股东表现出机会主义行为特征,即大股东在自利动机下,利用集团内部资本市场以各种形式掠夺上市公司利益,并导致上市公司中小投资者利益遭受损失(曾亚敏和张俊生,2005[176];万良勇和魏明海,2006[58])。针对此种现象,监管部门出台了一系列监管关联交易的政策,试图遏制内部资本市场配置活动中的大股东利益侵占行为,虽然取得了一定成效,但大股东机会主义内部资本配置行为并没有真正得到有效控制,而更多的是在形式上发生了变化。

为此,本章基于前述章节,首先从公司治理、公共治理和法律制度三个层面分析公司集团内部资本配置活动中大股东机会主义行为产生的根源,然后通过对大股东与监管者成本收益函数进行合理设计,运用完全信息静态博弈和演化博弈理论,分三个递进层次探讨大股东的机会主义行为动机及其影响因素,最后对机会主义行为监管的机理进行剖析,以期提出政策建议。

7.1 大股东机会主义行为产生的根源

前面的理论和实证研究表明,在治理机制不健全、投资者保护薄弱以及不完善的新兴市场的环境下,我国公司集团内部资本市场可能出现严重的大股东机会主义行为,内部资本配置很可能异化为一种大股东进行利益掠夺的工具,从而导致内部资本市场资源的低效率配置和成员企业之间的利益冲突，以至于严重损害公司集团成员企业的价值和各相关投资主体的利益。

7.1.1 公司内部治理因素

在公司内部治理方面，股权集中、大股东控制和"金字塔"型组织结构导致的代理问题，以及不健全的上市公司内部治理机制是导致我国上市公司内部资本市场具有机会主义特征的重要原因。

(1) 股权集中、大股东控制以及"金字塔"型组织结构导致的代理问题。

由于维护公有制主体地位的政治考虑以及重组（剥离）上市的制度安排，我国上市公司的股权结构非常集中，表现为国有股"一股独大"的特征。大股东的存在既可能是解决小股东集体行动的难题，但同时也可能带来代理问题。鉴于我国大股东性质的多元化，在我国大股东与小股东间的代理问题尤为严重。大股东凭借其控制权，通过"掏空"（Tunneling）的方式从上市公司中转移资产和利润，这种"掏空"方式主要表现为大股东和上市公司之间非公平的关联交易，具体包括关联贸易、转移定价、借贷和担保、关联投资，甚至是直接的资金占用。同时，由于我国"金字塔"结构的普遍存在，导致控制权与现金流权的分离，大股东的代理问题变得更为严重（Johnson 等，2000[95]）。再者，不同于西方单一法人、多分部的"M"型企业组织形式，由于我国公司集团"金字塔"结构的复杂性，内部资本配置涉及多个法人实体，因此，资本配置过程中的内部摩擦和效率损失将更为严重（邵军和刘志远，2006[177]）。特别是在我国一些以国有企业为核心的企业集团中，子公司为局部利益而不配合集团总部有效资本协作的行为也普遍存在（李艳荣，2008[178]）。

(2) 不健全的上市公司内部治理机制。

董事会独立性（独立董事占董事会成员的比例）、董事会的领导结构（CEO 是否兼任董事长）与董事会规模三者共同构成董事会治理的指标体系。Jensen（1993）[179]提出，一个有效的董事会应该保持较小规模，并且除了 CEO 为内部董事外，其他董事均应为外部董事（在我国称为独立董事），他同时提出，为了保持董事会的独立性和有效性，董事长与总经理的职务应该分离。如果总经理兼任董事长，意味着董事会就很难完成其职能。从表 7.1 可以看出，我国上市公司董事会规模有下降趋势，而董事会领导结构（两职合一）有上升趋势，但变化幅度不明显，整体表现为董事会规模较为稳定，两职合一现象普遍。董事会独立性是变化最突出的指标，从 2001 年的 6.3%，逐步稳定到 2010 年的 36% 以上，主要原因是 2002 年证监会出台关于董事的相关政策。事实上，我国董事会独立性的变化基本上是为了应付法律法规的规定，由于独立董事的产生主要由控股股东决定等诸多限制，独立董事制度在公司治理中还没有发挥应有的作用。高管的薪酬和总持股数反映了经理人薪酬激励设计。从表 7.1 可以看出，高管的薪酬和总经理持股的公司比例持续上升，反映我国管理层的薪酬结构趋于多样化。

表 7.1　　　　　　　　中国上市公司内部治理机制概括

年度	董事会治理			经理人激励	
	董事会平均独立性	CEO 兼任董事长的公司占当年上市公司比例数	董事会平均规模	高管前三名平均薪酬	总经理持股公司占当年上市公司比例数
2001	0.063	0.107	9.805	105132.9	0.100
2002	0.242	0.106	9.856	130616.46	0.090
2003	0.328	0.114	9.886	165949.51	0.101
2004	0.342	0.121	9.716	202126.46	0.109
2005	0.348	0.119	9.562	211930.33	0.134
2006	0.352	0.135	9.411	247807.72	0.236
2007	0.359	0.153	9.376	380529.6	0.228
2008	0.362	0.157	9.271	48219.77	0.280
2009	0.362	0.18	9.16	438765.56	0.279
2010	0.366	0.222	9.062	488238.07	0.309

7.1.2 外部市场环境因素

金融市场的缺陷是我国外部市场环境影响内部资本市场资本配置的主要因素，金融市场的缺陷主要表现为隐形补贴和金融抑制两个方面。当前，由于国有企业与国有银行的双重预算软约束，国有企业从国有银行获取金融补贴的难度逐渐增大；商业银行经营机制的健全又硬化了国有企业的预算约束。在此背景下，国有企业必须寻求替代机会。因此，母公司将"掏空"之手伸向了上市子公司也就不足为奇。因此，在一定程度上内部资本市场充当了国有企业的替代性补贴来源。对于民营企业来说，由于银行信贷市场存在信贷配给现象。国有企业成为配给的主要对象，非国有经济受到严重的信贷歧视。而且，在我国金融体系的不完善的情况下，信贷市场又同时存在"惜贷"现象。因此，相对国有企业而言，金融抑制环境对民营企业的影响更加严重。为了应对金融抑制环境，民营企业被迫对内部资本市场进行机会主义操纵，内部资本市场成为民营企业从上市公司间接获取资金的重要渠道。

不仅我国债务市场是金融抑制市场，我国证券市场也是一个典型的受抑制市场。我国政府对证券市场融资进行严格管制，公司上市成为稀缺资源。因此，中国上市公司也具有了"壳"价值。"买壳"间接上市成民营企业融资的便捷方式。一旦买"壳"成功，民营企业将利用上市公司这个融资平台，通过内部资本市场运作获取稀缺资金。

7.1.3 公共治理因素

前面两小节分别从公司内部和外部治理两个层面挖掘我国公司集团内部资本市场机会主义产生的根源，那么本小节将视角转向政府公共治理角度。

我国进行的渐进式经济改革伴随着分权化改革的同步展开，而这种分权式改革既包括中央政府与地方政府的经济分权，也包括政府与企业对所有权控制的界定。在分权改革过程中，一方面，地方政府获得了经济管理职能，享有地方国有资源的支配、收益处置和治理监督等权力；另一方面，特别是自1994年分税制改革后，公共服务、就业与社会稳定问题以及国有资产保值增值都是由地方政府负担的，地方政府承担了更大的地区社会管理职责。上市公司管理层或大股东利用内部资本配置活动侵害中小投资者，或者鼓励地方政府国资委控股的上市公司进行跨行业投资、并购和过度投资，从表面上看，是一个公司治理问题，但其根源很可能是政府公共治理的问题。

7.1.4 投资者保护环境因素

完善的法律制度和监管体系可以弥补市场机制不完善导致的"市场失灵"，是一个国家资本市场健康发展的基本保障。LLSV（1997）[88]的研究表明，在普通法系国家中，中小投资者的利益得到较好的保护，而大陆法系国家中公司治理水平较为低下，对中小投资者保护也较为薄弱。我国投资者权益保护法律制度伴随证券市场的发展而不断完善，但是相对于发达资本市场而言，由于我国证券市场建立时间不长，处于"新兴加转轨"的特定时期，我国投资者权益法律制度的还比较薄弱，而且存在执行不力的现象。

本书采用樊纲、王小鲁和朱恒鹏（2009）[180]省际市场中介组织的发育和法律制度环境指数，来间接衡量中国法律对投资者权力的保护水平。从表7.2可以看出，(1) 中国投资者保护的法律环境总体水平偏低，远低于市场经济发达水平，即使是上海和广东等相对发达地区仍然存在较大的差距。(2) 地区之间发展很不平衡。上海、浙江、广东和江苏处于前列，而云南和贵州等西部地区远远落后，市场中介组织的发育和法律制度环境指数相差很大，例如，上海2007年达到16.61，而贵州只有3.76。(3) 整体而言，中国法律对投资者权力的保护水平处在不断改进和完善之中。即使是市场经济发展落后的地区，市场中介组织的发育和法律制度环境指数逐年增加。

当前，我国中小投资者的法律保护制度还很不健全，主要表现为以下几个方面：①行政主导的证券发行上市和退市制度，降低了上市公司的总体质量。②公司资本配置活动中违规行为的违规成本低,惩罚力度不足。另外,证监会颁布的法规的级别不高,只是部门法规,并非法律文件,威慑力较差,处罚力度有限。虽然《证券法》和《公司法》规定了内幕交易、操纵证券市场、虚假陈述和欺诈客户等行为对投资者造成损害的民事赔偿制度,但在实践中,由于在举证制度、起诉制度、股东代表诉讼制度有待完善,赔偿的力度很难得到保证。③信息披露制度不健全。从制度本身和执行上看,我国证券市场的信息披露都存在信息公开不够的问题,即使是重大信息,其披露也带有很大的随意性和主观性。④与内部资本市场运行相关的外部法律法规不完善。目前,我国专门针对内部资本市场运作的法律法规处于空白,与内部资本市场相关的法律法规散见于《公司法》《证券法》以及关联交易的禁止性规定、关联交易的信息披露规则和公司财务的监视等相关法律法规之中,缺乏系统性和专业性。这些法律法规规范了内部资本市场运作行为的同时,也限制了内部资本市场的运作,影响了内部资本市场资金融通功能的发挥。由于这些法律法规的不完备性致使其监管效力非常有限,不利于有效规范内部资本市场运作和运行机制的优化,内部资本市场常常被沦为大股东侵占中小股东的场所。

表 7.2 　　中国省际市场中介组织的发育和法律制度环境

地区	2003 年	2004 年	2005 年	2006 年	2007 年
北京	7.63	8.10	7.78	7.87	8.41
天津	6.95	7.49	8.51	8.98	9.92
河北	3.48	3.90	5.11	5.13	5.27
山西	3.20	3.61	4.38	4.51	4.78
内蒙古	3.56	3.96	4.47	4.43	4.50
辽宁	5.15	5.46	6.35	6.55	7.23
吉林	3.83	3.89	4.79	4.84	5.37
黑龙江	4.44	4.56	5.30	5.15	5.46
上海	12.15	11.06	12.84	13.87	16.61
江苏	6.18	6.61	8.18	9.07	11.50
浙江	8.09	8.39	10.59	11.97	13.89

续表

地区	2003年	2004年	2005年	2006年	2007年
安徽	2.63	3.15	4.99	5.53	5.99
福建	5.23	5.30	6.41	6.61	6.92
江西	3.01	3.38	4.32	4.28	4.75
山东	4.67	5.13	6.14	6.71	7.37
河南	3.07	3.38	4.52	4.66	4.99
湖北	3.74	3.81	4.87	5.02	5.79
湖南	3.13	3.75	4.29	4.20	4.32
广东	8.45	8.86	10.64	11.47	12.59
广西	3.20	3.17	3.80	3.70	4.23
海南	3.64	3.57	3.63	3.74	3.87
重庆	3.29	3.95	4.89	5.20	5.61
四川	4.03	4.11	5.04	5.24	5.96
贵州	1.96	2.16	3.12	3.20	3.76
云南	2.41	2.75	3.91	4.15	4.63
西藏	2.25	2.63	3.60	3.78	3.89
陕西	2.47	2.88	3.96	4.29	4.99
甘肃	1.52	2.11	3.34	3.57	3.79
青海	1.49	1.53	1.85	2.06	2.79
宁夏	2.24	2.83	3.47	3.52	3.80
新疆	4.37	4.48	4.83	4.64	4.56

数据来源：樊纲，王小鲁和朱恒鹏. 中国市场化指数. 北京：经济科学出版社，2009.

7.2 内部资本配置中大股东机会主义行为监管的博弈分析

7.2.1 大股东与监管者的完全信息静态博弈模型

博弈论可以比较深刻地反映博弈双方的决策过程，通常用作政策制定和政策分析的有力工具。本节建立大股东机会主义行为监管完全信息静态博弈模型，讨论大股东如何决策，是采用"机会主义行为"，还是采取"战略协同"。事实上，尽管存在一定的不确定性，大股东和监管者对策略空间和支付基本还是透明的，从参与方采取行动的逻辑顺序看，大股东决策在前，监管者在后，但监管者并不清楚大股东是否采取机会主义行为。所以可以将该博弈界定为完全信息静态博弈模型。

（1）模型的建立及求解。

由于历史的原因，我国上市公司大部分由国有企业改制而成。它们大多处于公司集团之中，经营战略受一个大股东（终极控股股东，通常是政府或家庭）控制。因而，上市公司有特殊的股权结构和控制结构，各治理主体之间存在明显的利益冲突，同时也有共同利益。

一方面，大股东与监管者[①]的目标存在显著差异，"一股独大"的股权结构和股权所有者缺位必然导致内部人控制问题，大股东不仅决定上市公司的运营方式和战略决策，而且利用"金字塔"式持股、交叉持股和双重股权结构等方式导致其现金流权与控制权分离，两权分离使得大股东有动机通过资金占用、关联交易和贷款担保等"隧道挖掘"手段，以损害中小股东的利益为代价谋取控制权私利。加之我国证券市场法律制度不完善，监管力度不够，大股东常常利用公司集团内部资本市场进行利益输送。因此，在大股东控制下的内部资本配置中表现出明显的大股东机会主义行为特征。大股东可能采取"机会主义"策略，即对上市公司进行侵占和无效资本配置，损害监管者的利益。

另一方面，在"后股改"时期，大股东利益也受上市公司股价波动的影响，从而与中小股东利益区域一致，希望通过完善公司治理，监督经理人管理，追求战略协同效应，通过提升公司价值达到提升自身价值的目标。同时，监管者（特别是其中的机构投资者）为维护自身的利益，有动力去监督上市公司经营，通过积极行为改变公司治理，促进公司的长远发展。因此，大股东又表现为出"战略协同"的动机。大股东可以利用私有信

---

① 监管者是指中小股东、债券持有人以及证券监管部门等利益相关者。这里主要是指中小股东。

息，通过公开市场交易获利和积极监督管理层，增加企业价值，实现大股东与监管者的双赢，因此在集团内部资本配置中，大股东可能采取"战略协同"策略，即制定集团战略、监督企业管理者，增加企业价值，从而最大化自身效用。

与之对应，监管者也有两种策略可以选择：花费成本对大股东进行监督，采取"监督"策略，包括配合集团战略、对大股东侵占和无效配置资本行为进行监管；或者对大股东不监督，采取"不监督"策略，即背离集团战略、各种利己行为和采取"搭便车"行为。本书对博弈模型做如下假设：

①博弈双方均为风险中立者。

②大股东指具有实际控制上市公司的终极股东。监管者包括上市公司中除大股东外的其他股东、债券持有人以及证券监管部门等利益相关者。

③大股东采取"战略协同"策略，实施对管理层的监督，提高企业价值时，应该得到一定的补偿，即合理的控制权收益。

④大股东采取"机会主义"策略，对上市公司侵占之后，除了侵占损失部分外，由于利益相关方各未能协同一致，上市公司有一个价值折损（负协同效应）R_b。

⑤大股东采取"机会主义"策略的成本函数可以表示为 $C^e = C^e(k, \zeta, \alpha)$，其中 k 为市场环境，即大股东采取"机会主义"策略时的外部制约因素，系数 ζ 为大股东控制权与现金流权比例，用以度量大股东的两权分离程度，α 为大股东的现金流比例。且有假设：$\frac{\partial C^e}{\partial k} > 0$，$\frac{\partial C^e}{\partial \zeta} < 0$，$\frac{\partial C^e}{\partial \alpha} < 0$。第一个不等式表示，外部市场环境越好，对投资者保护程度就越高，大股东的采取"机会主义"策略的成本就越高；第二个不等式表示，大股东的两权分离程度越大，其采取"机会主义"策略的成本就越低；第三个不等式表示，大股东的现金流比例越高，其采取"机会主义"策略的成本就越高。大股东的采取"战略协同"策略的成本函数可以表示为 $C^c = C^c(k, \zeta, \alpha)$，且有假设：$\frac{\partial C^c}{\partial k} < 0$，$\frac{\partial C^c}{\partial \zeta} > 0$，$\frac{\partial C^c}{\partial \alpha} < 0$，它们的经济意义和 $C^e = C^e(k,$

ζ, α)类似。

⑥监管者的监督一定能成功，能够有效防止大股东的机会主义行为，并促使大股东尽力监督管理层，提升企业价值。

对不同策略下的大股东和监管者的支付确定如下：

大股东选择"战略协同"需要付出监督经理层的监督成本，同时由于有效监督也会增加上市公司收益；大股东选择"机会主义"策略会降低企业价值，会同时产生大股东的侵占成本与侵占收益；监管者选择"监督"策略可以有效防止大股东的侵占，减少价值损失，同时会付出监督成本；监管者选择"不监督"策略，则会受到大股东的侵占，遭受价值损失。双方的博弈矩阵可用表7.3表示。

表7.3　　　　　大股东和监管者博弈收益矩阵（一）

	大股东机会主义	大股东战略协同
监管者监督	$-C_s - R_e + F - (1-\alpha)R_b, R_e - F - C^e - \alpha R_b$	$-C_s + (1-\alpha)R_s, -C^c + \alpha R_s + R_c$
监管者不监督	$-R_e - (1-\alpha)R_b, R_e - C^e - \alpha R_b$	$(1-\alpha)R_s, -C^c + \alpha R_s$

注：C_s 监管者的监督成本，R_s 大股东监督管理层的收益，R_b 大股东采取机会主义时的价值折损，C^c 大股东采用"战略协同"策略的成本，R_e 被大股东侵占的直接损失，C^e 大股东侵占的成本，F 诉讼后大股东侵占所遭受的赔偿及罚金，R_c 给予大股东的合理控制权收益。

显然，此博弈不存在纯策略的纳什均衡，因此本书求解混合策略纳什均衡，假设监管者监管的概率为y，大股东机会主义策略的概率为x。在均衡时，监管者监管和不监管的期望收益相等，大股东机会主义策略和战略协同策略的期望收益相等，即：

$$[-C_s - R_e + F - (1-\alpha)R_b]x + [-C_s + (1-\alpha)R_s](1-x) = $$
$$[-R_e - (1-\alpha)R_b]x + (1-\alpha)R_s(1-x) \tag{7.1}$$

$$(R_e - F - C^e - \alpha R_b)y + (R_e - C^e - \alpha R_b)(1-y) = $$
$$(-C^c + \alpha R_s + R_c)y + (-C^c + \alpha R_s)(1-y) \tag{7.2}$$

由式（7.1）和式（7.2）得：

$$x = C_s/F \tag{7.3}$$

$$y = [(C^c - \alpha R_s) - (C^e - R_e + \alpha R_b)]/(R_c + F) \tag{7.4}$$

即混合策略的纳什均衡解：

$$(C_s/F, [(C^c - \alpha R_s) - (C^e - R_e + \alpha R_b)]/(R_c + F)) \tag{7.5}$$

x 为监管者监管还是不监管的临界点，而 y 为大股东采取机会主义策略还是战略协同策略的临界点。当 x 大于临界点时，监管者监管的收益大于成本，监管者选择监管；当 x 小于临界点时，监管者监管的收益小于成本，监管者选择不监管。当 y 小于临界点时，大股东采取机会主义策略的收益大于成本，大股东采取机会主义策略；当 y 大于临界点时，大股东采取机会主义策略的收益小于成本，大股东采取战略协同策略。

（2）大股东行为策略分析。

① $x = C_s/F$ 表明，大股东采取机会主义策略的概率取决于监管者的监督成本和诉讼后大股东侵占所遭受的赔偿及罚金，要想在均衡状态下尽可能降低大股东采取机会主义策略的概率，只有两种途径：降低监管者的监督成本或者提高诉讼后大股东侵占所遭受的赔偿及罚金。但是在目前大股东机会主义行为越来越隐蔽和复杂的情况下，监督成本不可能无限下降，甚至反而上升；给予监管者的赔偿及罚金也不可能无限制的高。因此，均衡状态下的大股东采取机会主义策略的概率必然在一定的水平上，不可能达到理想状态。所以加大大股东侵占所遭受的赔偿及罚金的力度对于遏制大股东机会主义行为可能是无效的。$y = [(C^c - \alpha R_s) - (C^e - R_e + \alpha R_b)]/(R_c + F)$ 表明，监管者监督的概率取决于大股东采取战略协同的净成本与采取机会主义的净成本之差 $[(C^c - \alpha R_s) - (C^e - R^e + \alpha R_b)]$，以及给予大股东的合理控制权收益以及大股东侵占遭受的诉讼罚金之和 $(R_c + F)$。因此，在净成本不变的情况下，加大 $(R_c + F)$ 会降低了监管者监督的概率。可以得出结论：第一，加大诉讼赔偿罚金 F 这一直观上可行的办法，可能不仅对大股东采取机会主义策略的概率降低无影响，反而会降低监管者监督的概率；第二，给予大股东的控制权收益 R_c 也不是越大越好，应该保持在一个合理的水平。这对现实生活中的激励悖论有较好的解释。

② 在现实中，由于监管者的监管频率一般是固定在一定的水平上，因此当大股东采取战略协同的净成本与采取机会主义的净成本之差（即 $[(C^c - \alpha R_s) - (C^e - R^e + \alpha R_b)]$）一定时，加大控制权收益与诉讼罚金之和，会使监管者的监管频率大于临界值，此时大股东采取战略协同策略，因此在

一定程度上可以遏制大股东的机会主义行为。但是当大股东采取战略协同的净成本与采取机会主义的净成本之差 $[(C^c-\alpha R_s)-(C^e-R^e+\alpha R_b)]$ 足够大时，使监管者的监管频率小于临界值，因此即使加大控制权收益与诉讼罚金，大股东的机会主义行为会屡禁不止。

③正如前面的假设所指出的，大股东的机会主义和战略协同行为是存在成本的，且成本同时受大股东控制权与现金流权的分离程度、大股东的股权比例和市场环境等诸多因素的影响。当大股东的两权分离程度较大时，由于 $\frac{\partial C^c}{\partial \zeta}>0$，$\frac{\partial C^E}{\partial \zeta}<0$，随着其两权分离程度的提高，$[(C^c-\alpha R_s)-(C^e-R^e+\alpha R_b)]$ 变大，进而 $[(C^c-\alpha R_s)-(C^e-R_e+\alpha R_b)]/(R_c+F)$ 变大，大股东的采取机会主义行为的概率加大，也就是说，大股东通过"金字塔"结构、交叉持股等手段来实现以较少的现金流比例实现较大的控制权，加大了其侵占的力度；大股东的股权比例加大时，由于 $\frac{\partial C^c}{\partial \alpha}<0$，$\frac{\partial C^e}{\partial \alpha}>0$，$[(C^c-\alpha R_s)-(C^e-R^e+\alpha R_b)]$ 变小，因此，$[(C^c-\alpha R_s)-(C^e-R_e+\alpha R_b)]/(R_c+F)$ 变小，大股东的采取机会主义行为的概率减小。也就是说，当大股东持有公司股权比例较大时，大股东的利益与企业利益更加趋于一致，因此，较高的持股比例可能会在一定程度上减轻大股东的侵占动机，促使其花更多的时间和精力去监督管理者，从而降低代理成本；当市场环境越好时，由于 $\frac{\partial C^c}{\partial k}<0$，$\frac{\partial C^e}{\partial k}>0$，$[(C^c-\alpha R_s)-(C^e-R^e+\alpha R_b)]$ 变小，因此，$[(C^c-\alpha R_s)-(C^e-R_e+\alpha R_b)]/(R_c+F)$ 变小，大股东的采取机会主义行为的概率减小，也就是说，外部市场环境越好，对投资者保护程度就越高，大股东的采取"机会主义"策略的成本就越高。

7.2.2　大股东与监管者的完全信息静态扩展博弈模型

(1) 模型的建立及求混合策略的纳什均衡。

在上述模型中，假设监管者的监督一定能够有效防止大股东的机会主义行为，但是事实上，该项假设不一定是必然结果。因此，把假设改为

"监管者的监督能够有效防止大股东机会主义行为的概率为 y_1"。则大股东与监管者采取不同战略下的收益矩阵如表 7.4 所示。

表 7.4　　　　　　　大股东和监管者博弈收益矩阵（二）

监管者监督		大股东机会主义	大股东战略协同
监管者监督	监督成功	$-C_s-R_e+F-(1-\alpha)R_b, R_e-F-C^e-\alpha R_b$	$-C_s+(1-\alpha)R_s, -C^c+\alpha R_s+R_c$
	监督不成功	$-C_s-R_e-(1-\alpha)R_b, R_e-C^e-\alpha R_b$	$-C_s+(1-\alpha)R_s, -C^c+\alpha R_s+R_c$
监管者不监督		$-R_e-(1-\alpha)R_b, R_e-C^e-\alpha R_b$	$(1-\alpha)R_s, -C^c+\alpha R_s$

同理，本书求解混合策略纳什均衡。

当监管者监管和不监管的期望收益相等时有：

$$[-C_s-R_e+F-(1-\alpha)R_b]xy_1+[-C_s+(1-\alpha)R_s](1-x)y_1+$$
$$[-C_s-R_e-(1-\alpha)R_b]x(1-y_1)+[-C_s+(1-\alpha)R_s](1-x)$$
$$(1-y_1)=[-R_e-(1-\alpha)R_b]x+(1-\alpha)R_s(1-x) \quad (7.6)$$

则：

$$x=C_s/Fy_1 \quad (7.7)$$

当大股东机会主义策略和战略协同策略的期望收益相等时有：

$$(R_e-F-C^e-\alpha R_b)yy_1+(R_e-C^e-\alpha R_b)y(1-y_1)+(R_e-C^e-\alpha R_b)$$
$$(1-y)=(-C^c+\alpha R_s+R_c)yy_1+(-C^c+\alpha R_s+R_c)y(1-y_1)+$$
$$(-C^c+\alpha R_s)(1-y) \quad (7.8)$$

则：

$$y=[(C_c-\alpha R_s)-(C^e-R_e+\alpha R_b)]/(R_c+Fy_1) \quad (7.9)$$

即纳什均衡解：

$$(C_s/Fy_1, [(C^e-\alpha R_s)-(C^e-R_e+\alpha R_b)]/(R_c+Fy_1)) \quad (7.10)$$

（2）大股东行为策略分析。

大股东与监管者的完全信息静态扩展博弈模型混合策略的纳什均衡解表明，大股东与监管者的完全信息静态博弈模型的结论仍然成立。同时表明，y_1 越高（监管者监管的能力越强），大股东机会主义行为的概率 x 就越低，监管者监管的概率也越低，也就是说，监管者监管的能力越强，越容易发现大股东机会主义行为，大股东侵占的概率就越低，监管者可以适当减少监管的次数。因此，提高监管者的监管能力，可以减少机会主义行为。

7.2.3 大股东与监管者的演化博弈模型

传统的博弈论认为，博弈的参与方都是理性的，事实上由于博弈方的有限理性和信息的不完全，博弈方不可能在每一次博弈中找到最优的均衡点，而进化博弈论放松了理性行为的假定，因此，本书尝试基于上述完全信息静态博弈模型的博弈支付矩阵，进一步探讨大股东机会主义行为的监管。

在博弈初始阶段，假设监管者选择监管的可能性为 x，监管者选择不监管可能性为（1-x）。大股东选择战略协同的可能性为 y，大股东选择机会主义的可能性为（1-y）。

（1）监管者群体监督的复制动态方程及求解。

监管者监管和不监管的期望收益与平均收益分别为：

$$U_{1y} = [-C_s - R_e + F - (1-\alpha)R_b]y + [-C_s + (1-\alpha)R_s](1-y) \tag{7.11}$$

$$U_{1N} = [-R_e - (1-\alpha)R_b]y + (1-\alpha)R_s(1-y) \tag{7.12}$$

$$U = xU_{1y} + (1-x)U_{1N} \tag{7.13}$$

监管者监管比例的复制动态方程为：

$$F(x) = \frac{dx}{dt} = x(U_{1y} - U) = x(1-x)(-Fy + C_s) \tag{7.14}$$

演化稳定策略要求：

$$\frac{dF(x)}{dx} = (2x-1)(-Fy + C_s) < 0 \tag{7.15}$$

①当 $(F - C_s) < 0$ 时，恒有 $(-Fy + C_s) > 0$，则 $x = 0$ 是演化稳定策略，即监管者的监管者成本大于诉讼后监管者所得的赔偿及罚金，监管者选择不监管。

②当 $0 < C_s/F < 1$ 时，分两种情况进行分析。

当 $y > C_s/F$ 时，$\frac{dF(x)}{dx}|_{x=0} < 0$，$\frac{dF(x)}{dx}|_{x=1} > 0$，故 $x = 0$ 是平衡点；

当 y < C_s/F 时，同理，有 x = 1 是平衡点。

（2）大股东群体监督的复制动态方程及求解。

同理可求得大股东的演化稳定策略（计算过程省略）。

①当($C^c - \alpha R_s$) - ($C^e - R_e + \alpha R_b$) < 0 时，则 y = 1 是进化稳定策略，即大股东选择战略协同时的净成本($C^c - \alpha R_s$)小于采用机会主义时的净成本时($C^e - R_e + \alpha R_b$)，大股东选择战略协同；

②当($C^c - \alpha R_s$) > ($C^e - R_e + \alpha R_b$) + R_c + F 时，则 y = 0 是进化稳定策略，即大股东选择战略协同净成本大于采用机会主义时的净成本、合理的控制权收益以及大股东侵占遭受的诉讼罚金三者之和时，大股东选择机会主义；

③0 < ($C^c - \alpha R_s$) - ($C^e - R_e + \alpha R_b$) < R_c + F 时，分两种情况，当 x > [($C^c - \alpha R_s$) - ($C^e - R_e + \alpha R_b$)]/(R_c + F) 时，y = 1 是平衡点，当 x < [($C^c - \alpha R_s$) - ($C^e - R_e + \alpha R_b$)]/(R_c + F) 时，y = 0 是平衡点。

（3）结论。

结合大股东与监管者的动态复制趋势，并将其表示在平面坐标中（见图7.1），从图7.1可以看出，在区域Ⅰ、Ⅱ、Ⅲ和Ⅳ，可以得到不同的均衡状态，本博弈共有三个演化稳定策略。

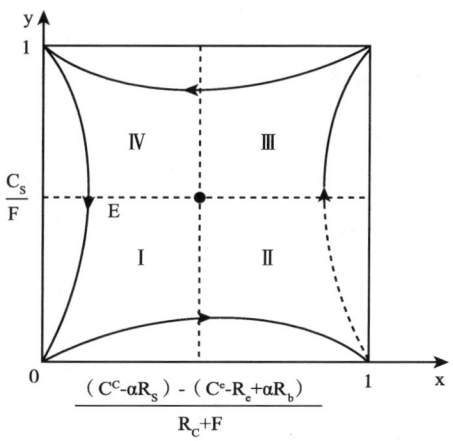

图7.1 进化博弈轨迹示意图

可以看出，博弈的初始状态的不同，会导致不同的均衡结果，博弈双方初始对各自策略的选择比例会影响策略的选择。监督者和大股东两个群体可能由于其他诸如政策、经济文化和传统等因素的影响，在博弈过程表现出一种周期行为模式，这是经济生活中的一种常态。

7.2.4 模型结论与启示

通过对大股东与监管者成本收益函数的合理设计，运用完全信息静态博弈和演化博弈理论，从三个层次研究双方的博弈关系，探讨大股东的机会主义行为动机及其影响因素，对机会主义行为监管的机理进行剖析，为完善投资者保护机制，抑制大股东机会主义行为提供理论基础。

（1）大股东和监管者之间的完全信息静态博弈模型表明，在短期内，加大诉讼赔偿罚金和控制权收益在一定程度上是有效的。从长期看，综合考虑监管者的相对固定的监管频率，采取合理的诉讼赔偿罚金和控制权收益，寻找均衡点，是解决问题的根本办法。

（2）大股东和监管者之间的完全信息静态扩展博弈模型放松"监管者监管一定成功"的假设，分析结果表明，完全信息静态博弈模型的结论仍然成立。同时表明，为了有效遏制大股东的机会主义行为，降低监管者的监督成本，提高其监管者监管水平，增强其学习能力是很重要的举措。

（3）大股东与监管者的演化博弈模型，放宽博弈双方有限理性的假设，结果表明，博弈的初始状态的不同，会导致不同的均衡结果，博弈双方初始对各自策略的选择比例会影响策略的选择，从而影响各自的收益，在三种情况下存在演化稳定策略，这些演化稳定策略与监管者的监管成本、诉讼的赔偿与罚金、大股东选择战略协同的净成本、大股东选择机会主义的净成本，以及合理的控制权收益等因素有关，而这些因素又与市场环境、投资者保护程度、大股东控制权与现金流权分离程度和大股东现金持股比例有关，这与本书第4章、第5章和第6章的结论相吻合。监督者和大股东两个群体也可能由于诸如政治、经济、文化和传统等因素的影响，没有稳定演化策略。

（4）上述三个模型同时表明，大股东策略的选择受大股东采取机会主义和战略协同行为的成本的影响，而成本同时受诸如市场环境、大股东本身控制权与现金流权的分离程度以及大股东的股权比例等因素的影响。也就是说，市场环境越好，大股东的股权比例越大，大股东的机会主义行为成本越大，战略协同行为成本越小，大股东的采取机会主义行为的概率减小；大股东本身控制权与现金流权的分离程度越大，大股东的采取机会主义行为的概率加大。

本章小结

本章首先从公司治理（包括公司内部治理因素和外部市场环境因素）、公共治理和法律制度三个层面分析了我国公司集团内部资本市场机会主义行为的主要成因。研究发现，股权集中和大股东控制以及"金字塔"型组织结构、不健全的上市公司内部治理机制，国有企业的隐形补贴和国有银行主导下的债权市场和证券市场的金融抑制环境，较弱的投资者法律保护环境以及地方政府公共治理职能共同构成了我国公司集团内部资本市场呈现出机会主义特征的内在根源。因此，只有逐步健全公司治理机制，不断完善金融市场结构和改善政府公共治理功能，内部资本配置的机会主义行为才有可能真正得到有效遏制。

本章第二节运用完全信息静态博弈和演化博弈理论，通过对大股东与监管者成本收益函数进行合理设计，分三个递进的层次探讨大股东的机会主义行为动机及其影响因素，为监管大股东机会主义行为提供理论依据。大股东和监管者之间的完全信息静态博弈模型表明，加大诉讼赔偿罚金和控制权收益在短期内一定程度上是有效的。但从长期看，综合考虑监管者的相对固定的监管频率，采取合理的诉讼赔偿罚金和控制权收益，寻找均衡点，才是解决问题的根本办法；在放松的"监管者监管一定成功"的假设下，模型分析结果表明，完全信息静态博弈模型的结论仍然成立。同时表明，降低监管者的监督成本，提高其监管者监管水平，增强其学习能力是有效遏制大股东的机会主义行为的重要举措；放宽博弈双方有限理性假设下的大股东与监管者的演化博弈模型结果表明，博弈的初始状态的不同，会导致不同的均衡结果，博弈双方初始对各自策略的选择比例会影响策略的选择，从而影响各自的收益，在三种情况下存在演化稳定策略。监督者和大股东两个群体也可能由于诸如政治、经济、文化和传统等因素的影响，没有稳定演化策略。

总之，大股东策略的选择受大股东采取机会主义和战略协同行为成本的影响，而成本受诸如市场环境、控制权与现金流权的分离程度以及大股东的股权比例等因素的影响。也就是说，市场环境越好，大股东的股权比例越大，大股东的机会主义行为成本越大，战略协同行为成本越小，大股东的采取机会主义行为的概率减小；大股东本身控制权与现金流权的分离程度越大，大股东的采取机会主义行为的概率加大。

第 8 章　结论、建议与研究展望

8.1　主要结论

基于新兴市场等的特定背景，本书以内部资本市场有效性研究为切入点和归宿，探究了大股东控制下的公司集团内部资本配置行为动机和特征。以大、小股东之间，以及大股东与 CEO 之间的利益冲突与协调对内部资本配置行为的影响为主线，分别构建内部资本配置行为理论模型，重点研究了大股东控制下的公司集团内部资本配置行为机理、特征、影响因素及其有效性问题，并对大股东机会主义资本配置行为监管的机理进行深度挖掘，以期深入了解我国上市公司非效率资本配置行为产生的原因，为提高我国公司集团内部资本市场的治理效率、完善我国上市公司大股东机会主义行为的监管体系提供政策建议。

主要研究结论如下：

（1）在大股东控制下的公司集团内部资本市场形成的制度背景方面，本书发现，广泛存在的公司集团形成了内部资本市场的组织基础；而我国证券市场的制度安排导致的大股东控制问题（包括股权高度集中、大股东一股独大、集团公司控制、政府控制、内部人控制、控制权和现金流高度分离的终极控制）构成了公司集团内部资本市场形成的控制权基础。组织基础和控制权基础共同使我国上市公司处于大股东控制下的内部资本市场环境之中。其中，我国公司集团的形成和发展离不开政府的干预和不完善市场环境的影响，政府的主导和推动是关键，市场机制的作用是其次。但是随着市场环境的逐步改善，市场力量必将成为中国企业集团发展和调整的主导力量。

(2) 就我国公司集团内部资本市场资本配置行为现状而言，首先，本书从公司集团的股权特征和控制权特征进行了描述性统计和提炼。分析表明，中国上市公司的股权结构表现出"一股独大"式的股权高度集中特征，而控制权结构表现出大股东的超强控制和内部人控制并存的现象，同时表现出控制权和现金流高度分离的终极控制特征。其次，对我国公司集团内部资本市场的类型进行了划分，笔者以控制权的配置方式以及终极股东的性质和类型，将内部资本市场模式分为业务纽带型内部资本市场、股权纽带型内部资本市场和混合纽带型内部资本市场三个大类，以及国有内部人控制业务纽带型内部资本市场、民营控股股东控制业务纽带型内部资本市场、国有内部人控制股权纽带型内部资本市场、民营终极股东控制股权纽带型内部资本市场、国有内部人控制混合纽带型内部资本市场、民营终极股东控制混合纽带型内部资本市场六个细类，并对其特征进行阐释。最后，对公司集团内部资本配置运作特征和组织模式进行了系统研究，统计分析表明，我国公司集团内部资本市场多元化经营现象普遍、内部资金融通频繁。并且，大股东持股比例越高，上市公司发生的关联交易金额就越大，内部资本市场运作越频繁。

(3) 关于大股东控制下的公司集团内部资本配置行为动机、类型、表现形式以及可能异化的风险的研究，本书首先把公司集团内部资本配置的动机分为获取控制权私有收益、获取共享收益、缓解融资约束与相互保险和公共治理四种情况。由此产生五种内部资本配置行为类型：控制权优势型内部资本配置行为、信息优势型内部资本配置行为、相互保险型内部资本配置行为、制度诱发型内部资本配置行为和公共治理推动型内部资本配置行为。然后对内部资本市场配置方式的表现形式及其可能异化的风险进行归类汇总。研究表明，我国公司集团内部资本配置呈现出一个"动机复杂、多功能和多目标"的特征，公司集团内部资本市场存在被"异化"的风险。

(4) 在大股东控制下的内部资本配置行为机理以及优化方面，本书在"股东—中小股东"代理框架下，以母子公司为例建立一个内部资本交易的优化模型，对内部资本配置的存在性和有效性及其演化进行理论演绎。

通过博弈均衡结果的优化分析发现：①由于成员企业之间的利益冲突和机会主义行为的影响，以效率为目标的内部资本市场可能被"异化"，内部资本交易结果表现出多样性和复杂性的特征，呈现出无效、有效和最优的不同状态。具体分为理想型内部资本市场、附加冲突成本的内部资本市场和侵害型内部资本市场三种情况。理想型内部资本市场实现了资本配置的最优化和社会福利的最大化，形成参与各方"共赢"的局面，也实现了公司集团财务目标；附加冲突成本的效率型内部资本市场在一定条件下存在和有效，虽然不一定达到最优，但可以持续维持，基本实现公司集团财务目标；侵害型内部资本市场内部资本配置扭曲，并且不可持续，实现的财务目标只能是在损害利益相关者的前提下，追求控股股东财富最大化。②由于冲突成本和侵害动机的存在，在不同的治理和管理环境下，企业集团内部资本交易存在资本转移不足或者过度转移资本行为，内部资本最优转移量与母公司在子公司中的股权比例、产出效率、母公司的控制力、利益冲突成本、侵占成本和侵占比例有关，而这些因素由于公司治理内外环境与大股东的股权结构和控制权结构密切相关。

（5）关于大股东与管理者利益冲突下的内部资本配置行为研究方面，本书从"大股东—经理人"代理框架下，基于终极控制人和母公司 CEO 之间的利益冲突与合谋，站在终极控制的视角，探讨大股东和管理者自利动机对内部资本配置行为的影响。研究发现，公司集团终极控制人通过"金字塔"结构超额控制上市公司，终极控制人和 CEO 出于自身利益的最大化目标，可以通过若干途径影响公司集团内部资本配置效率。在不同的管理环境下终极控制人有不同的最优管理体制。企业的产出效率、激励机制、集权程度、管理成本、CEO 的非现金偏好度都将影响内部资本配置的结果。

（6）在大股东控制下的内部资本配置行为有效性的实证检验方面，本书针对理论研究的结论，从三个递进的层次进行实证研究，即我国公司集团是否存在活跃的内部资本市场；如果存在，其资本配置效率又如何；公司集团内部资本配置的影响因素有哪些。①本书内部资本市场存在性的实证研究表明，我国公司集团存在活跃的内部资本市场，系族企业中单个企业的投资资金不仅来源于其自有现金，同时受系族企业其他成员企业资金的影响。②就内部资本配置效率而言，本书采用现金流敏感系数法测度模型进行测度，计算表明，我国公司集团内部资本配置效率整体不高，只有大约一半的系族集团的内部资本市场有效率，内部资本市场的信息优势和节省交易成本优势远没有发挥出来，同时系族集团的配置效率要远低于国有系族集团。在不同的管理环境下，公司集团内部资本配置可能表现出有效、无效的不同形式。证明了我国公司集团内部存在频繁的资本重新配置的行为，但是该配置行为可能被异化，资本配置的目的可能并不是为了实现公司集团的整体价值最大化，而是追求大股东自身利益最大化。③对于公司集团内部资本配置后果的影响因素的实证研究，本书在对公司集团内部资本市场的EV（超额价值）价值进行计量的基础上，对公司集团内部资本配置经济后果的影响因素作实证检验。EV的计算结果表明，系族集团的超额价值普遍偏低，53.4%的系族的EV为负值，说明我国公司集团内部资本配置的无效性。内部资本配置价值创造影响因素多元线性回归实证研究结果表明，系族集团的超额价值与第一大股东持股比例正相关，与控制权和现金流权分离差异程度负相关，而且通过5%显著性水平检验；与高层管理持股比例正相关，但相关性没有通过显著性水平检验；与外部独立董事比例正相关，但相关性并不显著；与业务相关性和系族集团规模呈负相关。

（7）关于我国公司集团内部资本市场机会主义行为产生的根源，本书从公司治理（包括公司内部治理因素和外部市场环境因素）、公共治理和法律制度三个层面分析了我国公司集团内部资本市场机会主义行为的主要成因。研究发现，股权集中和大股东控制以及"金字塔"型组织结构、不健全的上市公司内部治理机制，国有企业的隐形补贴和国有银行主导下的债权市场和证券市场的金融抑制环境，较弱的投资者法律保护环境以及地方政府公共治理职能共同构成了我国公司集团内部资本市场呈现出机会主义特征的内在根源。因此，只有逐步健全公司治理机制，不断完善金融市场结构和改善政府公共治理效能，内部资本配置的机会主义行为才有可能真正得到有效遏制。

（8）在对内部资本配置中大股东机会主义行为监管方面，本书通过对大股东与监管者成本收益函数的矩阵设计，运用完全信息静态博弈和演化博弈理论，分三个递进的层次探讨大股东的机会主义行为动机及其影响因素，为监管大股东机会主义行为提供理论依据。大股东和监管者之间的完全信息静态博弈模型表明，加大诉讼赔偿罚金和控制权收益在短期内一定程度上是有效的。但从长期看，综合考虑监管者的相对固定的监管频率，采取合理的诉讼赔偿罚金和控制权收益，寻找均衡点，才是解决问题的根本办法；在放松的"监管者监管一定成功"的假设下，模型分析结果表明，完全信息静态博弈模型的结论仍然成立。同时表明，降低监管者的监督成本，提高其监管者监管水平，增强其学习能力是有效遏制大股东的机会主义行为的重要举措；放宽博弈双方有限理性假设下的大股东与监管者的演化博弈模型结果表明，博弈的初始状态的不同，会导致不同的均衡结果，博弈双方初始对各自策略的选择比例会影响策略的选择，从而影响各自的收益，在三种情况下存在演化稳定策略。监督者和大股东两个群体也可能由于诸如政治、经济、文化和传统等因素的影响，没有稳定演化策略。总之，大股东策略的选择受大股东采取机会主义和战略协同行为成本的影响，而成本同时受诸如市场环境、控制权与现金流权的分离程度以及大股东的股权比例等因素的影响。也就是说，市场环境越好，大股东的股权比例越大，大股东的机会主义行为成本越大，战略协同行为成本越小，大股东的采取机会主义行为的概率减小；大股东本身控制权与现金流权的分离程度越大，大股东的采取机会主义行为的概率加大。

8.2 研究启示与政策建议

从前面分析可知，"大股东—经理—中小股东（外部股东）"的代理框架下，中小股东一方面采取"搭便车"行为，借助于大股东来监督经理的行为；另一方面，中小股东又不得不忍受来自大股东的侵占。而且，由于大股东和经理存在控制权私利的依存性，他们之间往往有合谋的动机。在这样的博弈格局中,如何既保护中小股东利益,同时又保证公司集团内部资本配置运作的正常进行、内部资本配置效率的提高,乃至整个资本市场的健康发展,具有十分重要的意义。本书认为,要从大股东监控、经理人选择和激励、中小股东的法律保护、资本市场监管和内部控制及其披露机制五个层面着力,多方面、多主体、多层次共同推进我国公司集团内部资本配置行为的治理。

(1) 构建大股东监控体系,强化大股东责任。

由于我国特殊的制度背景和历史原因,大股东与上市公司存在千丝万缕的依存关系,在内部资本配置时,大股东的机会主义动机行为会严重的损害中小股东利益,不利于证券市场的健康发展。为此,必须构建大股东监控体系,强化大股东的责任。①优化股权结构,建立股权制衡机制。大量的研究表明,分散化的股权结构适合投资者权益保护程度较高的国家。因此,笔者认为,我国上市公司应从国有股持大股的集中型股权结构向制衡型股权结构发展。我国上市公司应从股权结构上调整,适当地保持和调整股权的集中度,减小控制权与收益权的分离度。同时,加强国有股减持,引进非国有股东进入,积极培育机构投资者。②完善集团公司立法。我国控股股东为集团公司的上市公司已经超过了公司总数80%(郑国坚,2008)[1],而且本书第3章的统计分析表明,我国上市公司和大股东之间的关联交易的十分普遍。但是我国规范企业集团立法的级别不高,目前最高的只是部门规章,针对关联企业或联营企业的专门立法目前尚处于空白,特别是在"后股权分置"时期,大股东倾向于通过关联交易非关联化,或者用隐蔽的或表面公允实则不公允的关联交易来侵占上市公司利益。因此,关于集团公司的立法已经非常紧迫。

(2) 建立健全经理人的产生、监督和激励机制。

①从经理人的产生看,目前,国有控股股东从政府多样化目标出发,通过考察和行政审评程序,产生经理人。因此,笔者认为,经理人的产生可以改由董事会提名,股东大会表决的方式产生,保证经理人真正代表股东的利益,从而推动我国逐步形成健全的经理人市场;②从经理人的监督主体看,国有资产监督机构国资委要探索国有资产管理的有效形式;③从

经理人的激励机制看，在大股东"过度监督"的情况下，经理人的积极性往往也受到抑制。激励机制的缺乏会加剧股权代理链过长的弊端，阻碍经理层积极性的发挥。因此，必须大力发展独立的职业经理人市场，保证其对经理人的激励和约束机制发挥出应有的作用，建立有效的职业经理人绩效评价体系，建立健全的职业经理人激励机制。

（3）加强对中小股东的法律保护。

如何保护投资者特别是中小投资者的权益是一个世界普遍性的问题，是资本市场稳定发展的前提条件。从根本上讲，中小股东的权利主要有信息权和诉讼权，中小股东通过信息权的行使，可以提高对大股东的行为进行事前和事中监督的能力，而通过诉讼权的行使进行事后监督，同时，信息权是诉讼权的基础。因此，要保护中小投资者的合法权益，就必须从根本上保证中小投资者的信息权和诉讼权。要切实保证中小投资者的信息权和诉讼权，就必须完善上市公司的信息披露机制和证券民事赔偿的制度。笔者认为，①为了完善信息披露制度，必须强化信息披露的责任，促进信息披露的质量，同时要充分发挥注册会计师的监督作用；②为了完善股东民事诉讼制度，首先必须在法律上明确规定证券侵权行为的民事责任，同时降低中小股东诉讼的法律成本。

（4）建立多层次、全方位的市场各方参与主体组成的监管体系。

对上市公司的监管是投资者、债权人、中介机构、经营者、政府及其相关部门和媒体等市场各方参与主体的共同事务，因此对上市公司的监管应该包括公司内部治理机制、政府证券监管部门的行政监督、市场中介机构的监管与服务，以及法庭的诉讼监督和约束。从而建立起多层次、全方位的涵盖市场各方参与者的监管体系。

（5）完善我国企业内部资本配置活动的内部控制及其披露机制。

内部资本配置活动包括集团成员企业之间的借贷、租赁、担保、资产分立合并、资产托管、股权转让和垫付款项等多种复杂的业务活动[154]。内部资本配置活动的复杂性、隐秘性，以及集中的股权结构使我国上市公司大股东和中小股东在内部资本配置活动中的利益冲突相当严重。但是，我国现有的企业关于内部资本配置活动的内部控制框架标准和内部控制披露制度存在诸多问题。其主要表现为控制理念落后、控制主体和控制目标单一、控制规范缺乏系统性和全面性以及内部控制信息披露流于形式等问题。针对这些问题，可以采取以下对策：①为利益相关者参与企业内部资本市场治理创造条件。内部资本市场运行涉及诸多决策问题，内部资本配置不仅涉及效率，而且关系各利益相关者的利益公平问题。利益相关者适当参与内部资本市场的决策，有利于资本配置效率目标和公平的实现。企业应当从制度层面上保证利益相关者参与内部资本市场的治理；同时，通过强化内部控制监督利益相关者参与治理的质量。可以通过全面预算管理协调内部资本配置活动的目标，制定内部借贷、租赁、担保、内部资产租赁和托管、合并与分立、内部交易价格等具体业务活动在内的控制措施，使各利益相关者拥有一定的参与治理权，再通过绩效考核和内部审计检查各利益相关者参与治理的质量情况。②制定合理的内部控制框架，为公司集团进行内部资本配置活动提供参照和指引。2010年4月发布的《企业内部控制配套指引》，与2008年5月发布的《企业内部控制基本规范》一起组成了当前中国企业内部控制规范体系。《企业内部控制配套指引》将内部控制从会计控制转向企业全面控制，将强制性的具体规范改为以引导为主的指引，更加强调风险控制。但是《企业内部控制配套指引》没有企业合并与分立、对子公司的控制和关联交易等业务事项的控制设置。而企业合并与分立、对子公司的控制和关联交易等业务事项正好是公司集团内部资本市场进行资源配置的主要业务和事项。同时，对中小股东利益保护方面也还存在欠缺和不足。因此，有必要增加内部资本配置活动控制指引和对内部成员企业的绩效考核指引，使之既能满足企业集团基于战略控制的需求，又能保护中小投资者的利益。③实行上市公司内部控制信息强制披露制度。目前，我国上市公司内部控制信息自愿性披露动机不强，内部控制信息供给严重不足，致使外部投资者极其缺乏内部控制的信息。对上市公司"金字塔"式股权结构和交叉持股的情况、公司拟进行的购并与分立活动、资金占用和担保、关联交易和股权交易等内部资本配置活动进行及时、充分和客观的信息披露，可以降低大小股东之间的信息不对称程度；强制披露内部控制的信息并经注册会计师审计，可以使信息需求与供给矛盾得到缓解，在一定程度上减少舞弊的发生，制约大股东的侵占行为。

8.3　研究的局限性及展望

公司集团内部资本配置问题作为公司财务研究中热点问题之一，其研究内容不仅涉及面广，影响因素繁多，而且由于治理环境和法律制度处于不断变化之中，公司集团内部资本配置行为模式也是个动态变化的过程。因此，本书的理论和实证研究只能是探索性的，加之本人学识、能力、时间与精力的限制，难免存在遗漏与不足。在本书现有研究的基础上，尚待后续的研究表现在如下几个方面：

（1）新兴委托代理下的大股东控制对内部资本配置行为的影响是一个十分复杂的问题。其中，不同性质的大股东的行为方式将存在重大的差异性，而本书对不同性质的大股东的行为模式没有深入的展开研究。因此，在对国有性质、民营性质、家族企业以及其他性质的大股东控制特征对内部资本配置行为决策的影响，将是以后研究的一个重要方向。

（2）在我国公司集团中，大股东之间往往存在密切的联系。而本书鉴于数据收集的缺乏，没有对大股东之间的关联关系进行分析，而直接探讨股权结构对内部资本配置活动的作用。因此，打开大股东利益集团的"黑箱"，基于我国上市公司现实股权结构和大股东归属类型，深入分析大股东之间的利益冲突与协调问题、分享控制权的多个大股东追求控制权私利的行为特征和相互制衡问题，是一个有待深入研究的课题。

（3）关于集团公司治理机制对内部资本配置行为的影响，本书主要集中讨论大股东股权结构和控制结构问题，对大股东控制下的上市公司董事会的独立性和有效性、高管的激励与业绩评价和外部审计师的作用等问题的研究只停留在较浅层面，这些问题有待于未来的进一步研究。

（4）对内部资本市场配置行为的实证研究，区分动机的实证研究可能为内部资本配置行为如何影响公司价值提供崭新的视角，但是由于缺乏大股东层面的数据，在检验样本上没有区分不同动机的内部资本市场配置行为，因此，没有对不同类型的样本分别进行实证检验。对这个理论界的难点有待突破。

(5) "金字塔"结构特征与公司集团内部资本配置行为有着十分密切的关系，本书只是用两权分离度对其初步描述。"金字塔"结构特征与内部资本运作的影响，它们在实现大股东目标的过程中，是替代关系还是相互补充？它们可作为未来进一步研究的方向。

(6) 从本质上说，大股东与中小股东的利益冲突是一个微观层面的问题，公司集团内部资本配置的功能不仅取决于参与主体的利益导向，而且我国所处的新兴转轨经济的外部环境有关。经济环境、法律环境和监管环境等宏观环境，产业环境和市场竞争态势等中观环境，以及公司层面的公司治理状况、组织结构、战略规划、管理体制、内部控制体系、监督激励机制、信息传导机制、内部社会资本和网络等微观环境，对内部资本市场的主体、功能、边界及发挥作用的机制、运作方式和经济后果等有十分重要的影响。详细调研和梳理我国内部资本市场的发展环境，深入考察我国外部制度环境对大股东控制下的公司集团内部资本市场运行的影响及其影响的机理，将内部资本市场作为宏观资本配置过程中的一个有机构成，总结出两者之间的替代规律和形式，是一个十分复杂但非常重要的课题。

参 考 文 献

[1] 郑国坚. 企业集团内部市场：效率与"掏空"——基于我国上市公司的实证研究. 北京：经济科学出版社，2008：50 – 55.

[2] Alchian, Armen A. Corporate management and property rights. In：Henry Manne, eds. Eonomics Policy and the Regulation of Corporate Securities. Washington, DC：American Enterprise Institute, 1969：63 – 65.

[3] Williamson, O. E. Corporate control and business behavior. New Jersey：Prentice Hall, 1970：76 – 81.

[4] Williamson, O. E. Markets and hierarchies：Analysis and antitrust implications. New York：The Free Press. 1975：80 – 81.

[5] Lamont, O. Cash flow and investment：Evidence from internal capital markets. Journal of Finance, 1997, 52（1）：57 – 82.

[6] Khanna, T. and Palepu. K. Why focused strategies may be wrong for emerging markets. Havard Business Review. 1997, 75（4）：41 – 51.

[7] Khanna, T. and Palepu. K. Is group affiliation profitable in emerging markets? an analysis of diversified Indian business group. Journal of Finance, 2000a, 43（3）：268 – 285.

[8] Khanna, T., Palepu, K. The future of business groups in emerging markets：Long run evdence from Chile. Academy of Management Journal, 2000b, 43（3）：268 – 285.

[9] Shin H. and Y. S. Park. Financing constraints and internal capital markets：Evidence from Korean "Chaebols". Journal of Corporate Finance, 1999, 5（2）：169 – 191.

[10] Perotti. E., Gelfer, S. Red barons or robber barons? governance and in-

vestmentin Russian financial industrial group. European Economic Review, 2001, 45 (9): 1601 – 1617.

[11] Samphantharak, K. Internal capital markets in business groups: [discussion papers]. Mimeo: University of Chicago, 2003.

[12] Lin, K., H. Servaes. Is corporate diversification beneficial in emerging markets. Financial Management, 2002, 31 (2): 5 – 31.

[13] Gautier, A., Hamadi, M. Internal capital market efficiency of Belgian holding companies. Discussion papers, IRES, 2005: 77 – 89.

[14] Gonenc, H., Kan, O. B., Karadagl, I E. Business groups and internal capital markets. Emerging Markets Finance and Trade, 2007, 43 (2): 63 – 81.

[15] 周业安, 韩梅. 上市公司内部资本市场研究——以华联超市借壳上市为例分析. 管理世界, 2003, (11): 118 – 143.

[16] 邵军, 刘志远. "系族企业"内部资本市场有效率么?——基于中国"系族企业"的实证检验. 中国会计评论, 2009, 7 (3): 271 – 281.

[17] 杨锦之. 企业集团内部资本市场配置效的存在性与效率性. 会计研究, 2010, (4): 50 – 56.

[18] Williamson, O E. The economic institutions of capitalism. New York: The Free Press, 1985: 80 – 85.

[19] Gertner, R., Scharfstein, D., Stein. Internal versus external capital markets. Quarterly Journal of Economics, 1994, 109 (4): 1211 – 1230.

[20] Stein, J. Internal capital markets and the competition for corporate resources. Journal of Finance, 1997, 52 (1): 111 – 133.

[21] Fazzari, S. M., R. G., Hubbard., B. C. Peterson. Financing constrains and corporate investment. Working papers, NBER, 1988: 201 – 219.

[22] Peng, M. W., Lee, S. H., and Wang, D. What determines the scope of the firm over time? A focus on institutional relatedness. Academy of Management Review, 2005, 30 (3): 622 – 633.

[23] Fauver L, Houston. J F, Naranjo A. Capital market development, integra-

tion, legal systems, and the value of corporate diversification: a cross - country analysis. Journal of Financial and Quantitative Analysis, 2003, 38 (1): 135 - 158.

[24] 武晓芬,唐媚媚,陆旭冉. 外部资本市场与内部资本市场:替代还是互补——基于陆港通效应的实证检验[J]. 投资研究, 2023, 42 (01): 103 - 119.

[25] Peyer U. Internal and external capital markets. Working paper, SSRN, 2002.

[26] 邹薇,钱雪松. 融资成本、寻租行为和企业内部资本配置. 经济研究, 2005, (5): 64 - 74.

[27] Scharfstein, D. J. Stein. The dark side of internal capital markets: Divisional rent - seeking and inefficient investment. Journal of Finance, 2000, 55 (6): 2537 - 2564.

[28] 王明虎. 内部资本市场与外部资本市场之优劣势分析. 财务与会计, 2009, (8): 16 - 17.

[29] Almeida, Heitor V., Daniel Wolfenzon. A theory of pyramidal ownership and family business groups. Journal of Finance, 2006, 61 (6): 2637 - 2680.

[30] Inderst, R. and Muller, H. M. Internal versus external financing: An optimal contracting framework. Journal of Finance, 2003, 58 (3): 1033 - 1062.

[31] Gertner, R. D. Scharfstein., J. Stein. Internal versus external capital market. Quarterly journal of Economies, 1994, 109 (4): 1211 - 1230.

[32] 黎文靖,严嘉怡. 谁利用了内部资本市场:企业集团化程度与现金持有[J]. 中国工业经济, 2021 (06): 137 - 154.

[33] Jensen, Maichael C. Agency cost of cash flow, corporate finance, and takeovers. American Economic Review, 1986, 76 (2): 323 - 329.

[34] Stein J. Agency, information and corporate investment. Handbook of the Economics of Finance 2003, 1 (1): 111 - 165.

[35] Lewellen, W. A pure financial rationale for the conglomerate merger. Journal of Finance, 1971, 26 (2): 521-537.

[36] Holmstro" m, B., J Ricart I Costa. Managerial incentives and capital management. Quarterly Journal of Econamics, 1986, 101 (4): 835-860.

[37] Scharfstein, D. The dark side of internal capital markets: Evidence from diversified conglomerates. Working paper, NEBR, 1998: 63-69.

[38] Millett, M. D Mauer. Cross subsidies, external financing constraints, and the contribution of the internal capital market to firm vale. Working paper, University of Iowa, 1998: 46-49.

[39] Shin H, R Stulz. Are internal capital markets efficient?. Quarterly Journal of economics, 1998, 113 (2): 531-552.

[40] Rajan, R., H. Servaes, L. Zingales. The diversification discount and inefficient investment. The Journal of Finance, 2000, 55 (1): 35-80.

[41] Deng, J., Gan, J. He. Political constrains, organizational forms and privatization performance: Evidence from China. Woking paper, Hong Kong University of Science and Technology. 2010.

[42] Johnson S, La Porta R, Lopze-de-Silanes F, Shleifer A. Tunneling. American Economic Review, 2000, 90 (2): 22-27.

[43] Lins, k., H Servaes. Is corporate diversification beneficial in emerging market?. Financial Management, 2002, 31 (2): 5-31.

[44] Peyer, U. C., A. Shivdasani. Leverage and internal capital markets: Evidence from leveraged recapitalizations. Journal of Financial Economics 2001, 59 (2): 477-515.

[45] Maksimovic, V., G. Phillips. Do conglomerate firms allocate resources inefficiently across Industries? Theory and evidence. Journal of Finance, 2002, 156 (2): 721-768.

[46] Schoar, A. Effects of corporate diversification on productivity. Journal of Finance, 2002, 57 (6): 2379-2403.

[47] Berle. A., G Means. The modern corporation and private property. New-

York: Macmillan. 1932: 25 – 28.

[48] Shleifer, A, Vishny R. A survey of corporate governance. Journal of Finance, 1997, 52 (2): 737 – 783.

[49] La Porta, R., F. Lopez – de – Silanes, A. Shleifer, R Vishny. Investor protection and corporate governance. Journal of Financial Economics, 2000, 58 (1 – 2): 3 – 27.

[50] 张唯迎. 企业理论与中国企业改革. 北京: 北京大学出版社, 1999: 45 – 48.

[51] Zingales, Liugi. Corporate governance. Working paper, NBER, 1997: 66 – 87.

[52] 青木昌彦, 钱颖一. 转轨经济中的治理结构: 内部人控制和银行的作用. 北京: 中国经济出版社, 1995: 68 – 75.

[53] Wulf, J. Influence and inefficiency in the internal capital markets: Theory and evidence. Working paper, The Wharton School University of Pennsylvania, 2002: 77 – 98.

[54] 陈良华, 王惠庆, 马小勇. 分部经理机会行为与内部资本市场配置效率研究 [J]. 东南大学学报 (哲学社会科学版), 2014, 16 (04): 47 – 53 + 134 – 135.

[55] La Porta, R., F., Lopez – de – Silanes, A., Shleifer. Corporate ownership around the world. Journal of Finance, 1999, 54 (2): 471 – 518.

[56] 冯根福. 双重委托代理理论: 上市公司治理的另一种分析框架——兼论进一步完善中国上市公司治理的新思路. 经济研究, 2004, (12): 16 – 25.

[57] Claessens S., Simeon Djankov, J. H. P. Fan, Larry H. P. Lang. Disentangling the Incentive and entrenchment effects of large shareholdings. Journal of Finance, 2002, 57 (6): 2741 – 2771.

[58] 万良勇, 魏明海. 中国企业内部资本市场的困境与功能实现问题——以三九集团和三九医药为例. 当代财经, 2006, 255 (2): 78 – 81.

[59] 许奇挺. 内部资本市场有效性研究: [博士学位论文]. 杭州: 浙江

大学, 2006.

[60] Grossman, S., O. Hart. One share, one vote and the market for corporate control. Journal of Financial economics, 1988, 2 (1/2): 175 - 202.

[61] Demsetz, H., Lehn, K. The sturcture of corporate ownership: Causes and consequences. Journal of Financial Economy, 1985, 93 (6): 1155 - 1177.

[62] Bebchuk, Arye Lucian, M. Kahan. A framework for analyzing legal policy towards proxy contests. California Law Review, 1990, 78 (7): 1071 - 1136.

[63] Coffee, John C. Do norms matters? A cross - country examination of the private benefits of control. Working paper, SSRN, 2001: 86 - 97.

[64] Shleifer, A., R. Vishny. Large shareholders and corporate control. Journal of Political Economy, 1986, 94 (3): 461 - 488.

[65] Stijn Claessens, Simeon Djankov, Larry H. P. Lang. The separation of ownership and control in East Asian corporations. Working Paper. SSRN, 2000: 36 - 49.

[66] La Porta, R., Lopez - de - Silanes, F., Shleifer, A., R. Vishny. Investor protection and corporate valuation. Journal of Finance, 2002, 57 (3): 1147 - 1170.

[67] Coffee John. Do norms matter? A cross - country examination of private of control. Working paper, Columbia University Law School, 2001: 79 - 86.

[68] 李增泉, 孙铮, 王志伟. "掏空"与所有权安排——来自我国上市公司大股东资金占用的经验证据. 会计研究, 2004, (12): 3 - 13.

[69] 冯丽霞, 孙源. 不同组织结构内部资本市场运行机制比较. 财会通讯, 2008, (2): 82 - 85.

[70] Grossman, S. O. Hart. Disclosure laws and takeover bids. Journal of Finance, 1980, 35 (2): 323 - 334.

[71] Gorton, Gary. Frank A. Schmid. Corporate governance, ownership dispersion, and efficiency: Empirical evidence from Austrian cooperative bank-

ing. Journal of Corporate Finance, 1999, 5 (2): 119 – 140.

[72] 韩俊华, 周全, 韩贺洋. 内部资本市场效率测度模型重构、检验与应用 [J]. 华东经济管理, 2018, 32 (11): 173 – 179.

[73] Bebchuk, Lucian, Reinier Kraakman, George Triantis. Stock pyramids, cross – ownership, and dual class equity: The creation and agency costs of separating control from cash flow rights. Working paper, National Bureau of Economic Research, Cambridge, MA. 1999: 27 – 38.

[74] Martin Holmén, Peter Hogfeldt. Pyramidal discounts: Tunneling or overinvestment?. Working paper. SSRN, 2007: 67 – 75.

[75] Dyck, A., L. Zingales. Private benefits of control: An international comparison. Journal of Finance. 2004, 59 (2): 537 – 600.

[76] Albuquerue, R., N. Wang. Agency conflicts, investment, and asset pricing. Journal of Finance, American Finance Association, 2008, 63 (1): 1 – 40.

[77] Erwan, M., Neng Wang. Capital structure, investment, and private benefits of control. Working paper, Simon Business School, 2004: 43 – 57.

[78] Igor Filatotchev, I., N. Isachenkova, T. Mickiewicz. Ownership structure and investment finance in transition economies A survey of evidence from large firms in Hungary and Poland. Economics of Transition, 2007, 15 (3): 433 – 460.

[79] 刘星, 连军. 终极控制、公司治理与地方国有公司过度投. 科研管理, 2011, 32 (8): 105 – 112.

[80] 杨柏, 彭程, 代彬. 内部资本市场影响上市公司投资行为的实证研究. 财经论丛, 2011, 161 (11): 85 – 91.

[81] 郭胜, 张道宏. 大股东控制、非效率投资与上市公司治理——基于中国上市公司的经验数据. 西北大学学报（哲学社会科学版）, 2011, 41 (4): 53 – 58.

[82] Bae K H, Kang J K, Kim J M. Tunneling or value added? Evidence from mergers by Korean business groups. Journal of Finance, 2002, 57 (6):

2695 – 2740.

[83] Chang, E. C., Zhu, J., J. Michael Pinegar. Insider trading in Hong Kong: Concentrated ownership versus the legal environment. Working paper, The University of Hong Kong, SSRN, 2002: 96 – 105.

[84] Jiang G, Lee C, Yue H. Tunneling through intercorporate loans: The China experience. Journal of Financial Economics, 2010, 98 (1): 1 – 20.

[85] Bena, J., J. Hanousek. Rent extraction by large shareholders: Evidence using dividend policy in the Czech Republic. Czech Journal of Economics and Finance 2008, 58 (03 – 04): 106 – 130.

[86] 阎大颖. 中国上市公司控股股东价值取向对股利政策影响的实证研究. 南开经济研究, 2004, (6): 94 – 105.

[87] 杨颖. 投资者法律保护与现金股利政策——基于终极所有权结构视角. 经济与管理研究, 2010, (8): 74 – 81.

[88] La Porta R, Lopez – de – Silanes F, Shleifer A, et al. Legal determinants of external finance. Journal of Finance, 1997, 52 (3): 1131 – 1150.

[89] La Porta R, Lopez – de – Silanes F, Shleifer A, et al. Law and finance. Journal of Political Economy, 1998, 106 (6): 1113 – 1155.

[90] Djankov S, La Porta R, Lopez – de – Silanes F, et al. The law and economics of self – dealing. Journal of Financial Economics, 2008, 88 (3): 430 – 465.

[91] 沈艺峰, 许年行, 杨熠. 我国中小投资者法律保护历史实践的实证检验. 经济研究, 2004, (9): 90 – 100.

[92] 沈艺峰, 肖珉, 林涛. 投资者保护与上市公司资本结构. 经济研究, 2009, (7): 131 – 142.

[93] 罗党论, 唐清泉. 市场环境与控股股东"掏空"行为研究——来自中国上市公司的经验证据. 会计研究, 2007, (4): 69 – 74.

[94] 王鹏. 投资者保护、代理成本与公司绩效. 经济研究, 2008, (2): 68 – 82.

[95] Johnson S, Boone P, Breach A, et al. Corporate governance in the Asian

financial crisis. Journal of Financial Economics, 2000, 58 (1/2): 141 – 186.

[96] 贾明, 张喆, 万迪昉. 控制性股东侵占行为及其负外部性研究. 管理科学学报, 2010, 13 (1): 70 – 77.

[97] 刘峰, 贺建刚. 股权结构与大股东利益实现方式的选择——中国资本市场利益输送的初步研究. 中国会计评论, 2004, 2 (1): 141 – 158.

[98] 郑建明, 范黎波, 朱媚. 关联担保、隧道效应与公司价值. 中国工业经济, 2007, 230 (5): 64 – 70.

[99] 刘运国, 吴小云. 终极控制人、金字塔控制与控股股东的"掏空"行为研究. 管理学报, 2009, 6 (12): 1661 – 1669.

[100] Morck, R., B., Yeung, W., Yu. The Information content of stock markets: Why do emerging markets have synchronous stock price movements. Journal of Financial Economics, 2000, 58 (1): 215 – 260.

[101] Wurgler, J. Financial markets and the allocation of capital. Journal of Financial Economics, 2000, 58 (1 – 2): 187 – 214.

[102] Bertrand, M., Metha, P, Mullainathan, S. Ferreting out tunneling: An application to Indian business groups. The Quarterly of Journal of Economics, 2002, 117 (1): 121 – 148.

[103] 姜国华, 岳衡. 大股东占用上市公司资金与上市公司股票回报率关系的研究. 管理世界, 2005, (9): 119 – 126.

[104] 袁奋强. 内部资本市场运行、资本投资与资本配置行为——基于"系族企业"的分析 [J]. 贵州财经大学学报, 2015 (04): 51 – 61.

[105] Friedman E, Johnson S, Mitton T. Propping and tunneling. Journal of Comparative Economics, 2003, 31 (4): 732 – 750.

[106] Riyanto Yohanes., Linda Toolsema. Tunneling and propping: A justification for pyramidal ownership. Journal of Banking & Finance, 2008, 32 (10): 2178 – 2187.

[107] Ming, Jian., T. J. Wong. Propping through related party transactions. Review of Accounting Studies, Forthcoming. 2008, 15 (1): 70 – 105.

[108] Triantis G. Organizations as internal capital markets: The legal boundaries of firms, collateral, and trusts in commercial and charitable enterprises. Harvard law review, 2004, 117 (4): 1102 – 1162.

[109] Powell L. S., D. W. Sommer and D. L. Eckles. The role of internal capital markets in financial intermediaries: Evidence form insurer groups. Journal of risk and insurance, 2008, 75 (2): 439 – 461.

[110] 杨棉之. 内部资本市场、公司绩效与控制权私有收益——以华通天香集团为例分析. 会计研究, 2006, (12): 61 – 67.

[111] 李艳荣. 内部资本市场、财务歧视和关联交易. 财贸经济, 2007, (4): 67 – 72.

[112] 吕洪雁. 国有及国有控股企业集团内部资本市场运行机理探析. 经济问题, 2007, (9): 63 – 65.

[113] 佟岩, 王丹虹. 股东关系、内部资本市场与利益配置——中大股份委托贷款分析. 会计之友, 2010, (5): 67 – 72.

[114] Gango Padhyay, S., R, Lensink, R. V. Molen. Business groups, financing constraints and investment: The case of Indin. Journal of Development Studies, 2003, 40 (2): 93 – 119.

[115] Claessens, S., J. Fan, L Lang. The benefits and costs of group affiliation: Evidence from East Asia. Emerging Markets Review, 2006, 7 (1): 1 – 26.

[116] Khanna, T., Y. Yafeh. Business groups in merging markets: Paragons or parasites?. Journal of Economic literature, 2007, 45 (2): 331 – 372.

[117] Lisa Keister. Chinese business groups: The structure and impact of inter-firm relations during economic development. USA: Oxford University, 2000.

[118] Coase, R. The nature of the firm. Econnamics, 1937, (4): 386 – 400.

[119] 辛清泉, 郑国坚, 杨德明. 企业集团、政府控制与投资效率: 来自中国上市公司的经验证据. 金融研究, 2007, 328 (10): 123 – 142.

[120] 林云. 我国企业集团形成中的市场作用与政府作用. 中国工业经济, 1998, (6): 36-39.

[121] Nolan, P. China and the global business revolution. Hampshire: Palgrave, 2001: 35-39.

[122] Ghemawat, P., Khanna, T. The nature of diversified business groups: A research design and two case studies. Journal of Industrial Economics, 1998, 46 (1): 35-61.

[123] 周群华. 企业集团内部资本市场协同治理研究: [博士学位论文]. 泉州: 华侨大学, 2011.

[124] 陈信元, 黄俊. 政府管制与企业垂直整合. 管理世界, 2007, (2): 134-138.

[125] 张维迎, 栗树和. 地区之间的竞争与中国国有企业的民营化. 经济研究, 1998, (12): 13-22.

[126] 李东平. 大股东控制、盈余管理与上市公司业绩滑坡. 北京: 中国财政经济出版社, 2005: 46-49.

[127] 邓建平. 股份制改造、公司治理与效率. [博士学位论文]. 成都: 电子科技大学, 2007.

[128] 赵涛, 郑祖玄, 何旭强. 股权分置背景下的隧道效应与过度融资. 深圳证券交易所第七届会员单位与基金公司获奖研究成果, 2005: 89-105.

[129] 李康, 杨兴君, 杨雄. 配股和增发的相关者利益分析和政策研究. 经济研究, 2003, (3): 79-88.

[130] 唐跃军, 谢仍明. 股份流动性、股权制衡机制与现金股利的隧道效应: 来自1999-2003年中国上市公司的证据. 中国工业经济, 2006, 215 (2): 120-128.

[131] 王韬, 李梅. 论股权泛化条件下的内部人控制. 金融研究, 2004, 294 (12): 106-111.

[132] 刘芍佳, 孙霈, 刘乃全. 终极产权论、股权结构及公司绩效. 经济研究, 2003, (4): 51-93.

[133] 王化成, 李春玲, 卢闯. 控股股东对上市公司现金股利政策影响的实证研究. 管理世界, 2007, (1): 122-127.

[134] 胡经生. "一控多"公司: 实证分析与理论解释. 证券市场导报, 2009, (8): 51-58.

[135] 冉戎, 刘星. 合理控制权私有收益与超额控制权私有收益——基于中小股东视角的解释. 管理科学学报, 2010, 13 (6): 73-82.

[136] Islam S., Mozumdar A. Financial market development and the importance of internal cash: Evidence from international data. Journal of Banking & Finance, 2007, 31 (3): 641-658.

[137] Khanna T. Business groups and social welfare in emerging market: Existing evidence and unanswered questions. European Economic Review, 2000, 44 (4-6): 748-761.

[138] 刘星, 豆中强. 基于跨期投资视角的大股东利益侵占行为研究. 系统工程学报, 2010, 25 (2): 216-221.

[139] 郝颖, 刘星, 伍良华. 基于内部人寻租的扭曲性过度投资行为研究. 系统工程学报, 2007, 22 (2): 128-133.

[140] 刘星, 代彬, 郝颖. 掏空、支持与资本投资——来自集团内部资本市场的经验证据. 中国会计评论, 2010, 8 (2): 201-222.

[141] 迈克尔·A. 希特, R. 杜安·爱尔兰, 罗伯特·E. 霍斯基森. 吕巍等译. 战略管理——竞争与全球化. 北京: 机械工业出版社, 2003: 105-110.

[142] Grossman, S., O. Hart. Takeover bids, the Free-Rider problem and the theory of corporation. Bell Journal of Economics. 1980, 11 (1): 42-64.

[143] 佟岩, 王化成. 关联交易、控制权收益与盈余质量. 会计研究, 2007, (4): 75-96.

[144] Jian, M., Wong, T. J. Propping through related party transactions. Review of Accounting Studies, 2010, 15 (1): 70-105.

[145] Fisman R., Wang Y. Trading favors within Chinese business groups. American Economic Review, 2010, 100 (2): 429-433.

[146] Djankov S, La Porta R, Lopez-de-Silanes F, et al. Courts. Quarterly Journal of Economics, 2003, 118 (6): 453-517.

[147] 王永钦, 张晏, 章元, 等. 中国的大国发展道路——论分权式改革的得失. 经济研究, 2007, (1): 4-17.

[148] 林毅夫, 李志赟. 政策性负担、道德风险与预算软约束. 经济研究, 2004, (2): 12-23.

[149] 周黎安. 晋升博弈中政府官员的激励与合作——兼论我国地方保护主义和重复建设问题长期存在的原因. 经济研究, 2004, 12 (6): 33-41.

[150] Faccio, M. Politically connected firms. American Economic Review, 2006, 96 (1): 369-86.

[151] Deng, J., J. Gan., J. He. Political constraints, organizational forms, and privatization performance: Evidence from China. Working paper, Hong Kong University of Science and Technology, 2010.

[152] 孙铮, 刘凤委, 李增泉. 市场化程度、政府干预与企业债务期限结构. 经济研究, 2005, (5): 52-63.

[153] 潘红波, 夏新平, 余明桂. 政府干预、政治关联与地方国有企业并购. 经济研究, 2008, (4): 41-53.

[154] 朱红军, 杨静, 张人骥. 共同控制下的企业合并协同效应还是财富转移——第一百货吸收合并华联商厦的案例研究. 管理世界, 2005, (4): 116-171.

[155] 滕晓梅. 扩充《企业内部控制应用指引》控制项目的研究——基于企业集团内部资本配置活动的控制. 会计研究, 2011, (4): 68-94.

[156] Burrough B, Helyar J. Barbarians at the gate: The fall of RJR Nabisco. New York: Harper & Row, 1990.

[157] Bebchuk L A, Fried J M, Walker D I. Managerial power and rent extraction in the design of executive compensation. University of Chicago Law Review, 2002, 69 (3): 751-846.

[158] Bebchuk L A, Fried J M. Executive compensation as an agency prob-

lem. Journal of Economic Perspectives, 2003, 17 (1): 71 – 92.

[159] Bebchuk L A, Fried J M. Pay without performance: Overview of the issues. Journal of Applied Corporate Finance, 2005, 17 (1): 8 – 23.

[160] Shleifer, A. R. W. Vishny. Management entrenchment: The case of manager – specific investments. Journal of Financial Economics, 1989, 25 (1): 123 – 139.

[161] Cotter J F, Zenner M. How managerial wealth affects the tender offer process. Journal of Financial Economics, 1994, 35 (1): 63 – 97.

[162] Hartzell, J., E. Ofek and D. Yermack. What's in it for me? CEOs whose firms are acquired. Review of Financial Studies, 2004, 17 (1): 37 – 61.

[163] 吴育辉, 吴世农. 股权集中、大股东掏空与管理层自利行为. 管理科学学报. 2011, 14 (8): 4 – 44.

[164] 吕长江, 郑慧莲, 严明珠, 等. 上市公司股权激励制度设计: 是激励还是福利?. 管理世界, 2009, (9): 133 – 147.

[165] 吴育辉, 吴世农. 企业高管自利行为及其影响因素研究——基于我国上市公司股权激励草案的证据. 管理世界, 2010, (5): 141 – 149.

[166] Mike Burkart, Denis Gromb, Fausto Panunzi. Large shareholders, monitoring, and the value of the firm. Quarterly Journal of Economics, 1997, 112 (3): 693 – 728.

[167] Aghion P., Jean Tirole. Formal and real authority in organizations. Journal of Political Economy, 1997, 105 (1): 1 – 29.

[168] Burkart M., Panunzi F. Agency conflicts, ownership concentration, and legal shareholder protection. Working paper, Stockholm School of Economics, 2001.

[169] Friedman D. Evolutionary games in economics. Econometrica, 1991, 59 (3): 637 – 666.

[170] 谢识予. 经济博弈论. 上海: 复旦大学出版社, 2002: 58 – 60.

[171] Claessens, S., Djankov, S., Larry H. P. Lang. The separation of own-

ership and control in East Asian corporations. Working paper, SSRN, 1999: 105 - 130.

[172] Jensen, Michael., William Meckling. Theory of the firm: Managerial behavior, agency costs and ownership structure. Journal of Financial Economics, 1976, 3 (4): 305 - 360.

[173] 王辉. 集团企业高管激励与内部资本市场效率. 财会研究, 2011, (19): 53 - 56.

[174] 季皓. 中央企业内部资本市场运作研究. 财会月刊, 2011, (1): 3 - 6.

[175] 曾亚敏, 张俊生. 中国上市公司股权收购动因研究——构建内部资本市场抑或滥用自由现金流. 世界经济, 2005, (2): 60 - 68.

[176] 邵军, 刘志远. 企业集团内部资本市场与融资约束. 经济与管理研究, 2006, (9): 60 - 65.

[177] 李艳荣. 内部资本市场中的利益冲突与协调研究: [博士学位论文]. 杭州: 浙江大学, 2007.

[178] Jensen, Michael C. The modern Industrial revolution, exit, and the failure of internal control systems. The Journal of Finance. 1993, (7): 831 - 880.

[179] 樊纲, 王小鲁, 朱恒鹏. 中国市场化指数. 北京: 经济科学出版社, 2009: 155 - 159.